BARBARA GIULIODORO

classe 3ª

Subito INVALSI

Italiano

GRUPPO EDITORIALE RAFFAELLO

RAFFAELLO SCUOLA

INDICE

Il libro

Il presente volume è un valido strumento di preparazione metodologica ed esercitazione pratica alla prova INVALSI, ed è articolato in due parti:

- la prima comprende un **test propedeutico** per individuare le carenze e le debolezze prima di affrontare le esercitazioni;
- la seconda è propriamente dedicata alla Prova nazionale INVALSI, con **allenamenti** e una **prova simulata**.

Nel progettarlo e realizzarlo si è fatto riferimento ai documenti ministeriali presentati dalla ultima normativa[1] e agli esempi esplicativi che il Ministero ha fornito per preparare le studentesse e gli studenti rispetto alle richieste di competenza di lettura dei testi e di riflessione sulla lingua, elementi questi che sono oggetto di valutazione da parte dell'INVALSI.
Lo spirito del volume è invitare ciascuno, oltre che a esercitarsi, a riflettere sul proprio modo di condurre il compito da svolgere perché possa, adeguatamente sostenuto dall'insegnante in questa fase di preparazione, riconoscere e valorizzare meglio i propri punti di forza e controllare e minimizzare invece gli aspetti critici del suo essere studente, primo tra essi e comune a molti l'emotività: l'esercizio stesso e soprattutto riflettere sul come lo si fa aiutano ad alleggerire il momento della Prova nazionale dall'ansia e dagli elementi di contesto che potrebbero condizionare negativamente la sua prestazione.
Gli allenamenti e la prova simulata sono disponibili in **versione digitale CBT** (*Computer Based Training*), per permettere di acquisire familiarità e dimestichezza con la procedura della Prova nazionale INVALSI.
In coda al volume si trova un utile compendio per avere sempre a portata di mano tutte le conoscenze di base.

Prima parte - Il test learning loss

Con il termine *learning loss* si intende la «perdita di conoscenza e di competenza» che abitualmente si verifica in seguito a una fase di interruzione delle attività scolastiche, come per esempio accade dopo le vacanze estive. Tale perdita è condizionata da vari fattori, tra i quali per esempio il grado scolastico d'istruzione frequentato, l'età, la disciplina studiata.
Per questo motivo abbiamo ritenuto opportuno fornire nel presente volume un test che, somministrato entro il primo quadrimestre, permetta di avere un quadro della situazione dei singoli studenti e della classe relativamente agli aspetti che saranno oggetto prima delle esercitazioni in classe, poi della Prova nazionale INVALSI.
Il test learning loss è costituito da un brano e da quattro sezioni di 10 quesiti ciascuna: tre sezioni di domande sono riferite al testo in lettura (area 1 - **Localizzare e individuare informazioni all'interno del testo**; area 2 - **Ricostruire il significato del testo, a livello locale o globale**; area 3 - **Riflettere sul contenuto o sulla forma del testo, a livello locale o globale, e valutarli**[2]), una invece, quella grammaticale (area 4 - **Ambiti grammaticali e progressione**[3]), è sganciata dal brano.

---

[1] D.lgs n.62/2017: Valutazione e certificazione delle competenze nel primo ciclo ed esami di Stato.
Circolare 1865 del 10 ottobre 2017: Indicazioni in merito a valutazione, certificazione delle competenze ed Esame di Stato nelle scuole del primo ciclo di istruzione.
Nota 2936 del 20 febbraio 2018: Esame di Stato conclusivo del primo ciclo di istruzione. Indicazioni per lo svolgimento delle prove INVALSI.
D.M. 741 del 3 ottobre 2017: Esame di Stato conclusivo del primo ciclo di istruzione.
D.M. 742 del 3 ottobre 2017: Finalità della certificazione delle competenze.
[2] Quadro di Riferimento delle prove INVALSI di Italiano del 30/08/2018, in particolare 2.2 e tabelle (pag. 9-11).
[3] Quadro di Riferimento delle prove INVALSI di Italiano del 30/08/2018, in particolare 2.3 e tabella (pag. 12-13).

Ciascuna delle singole parti è somministrabile anche completamente slegata dalle altre prevedendo almeno 40 minuti di impegno per gli alunni e le alunne, soprattutto laddove debbano leggere ex novo il testo di riferimento e rispondere alle domande.
Essendo autonome tra loro, le singole sezioni sono abbinabili a formare una prova alla quale dedicare, in proporzione, maggior tempo per lo svolgimento; tuttavia esse sono state progettate per consentire un riscontro immediato da parte dell'insegnante, ai singoli discenti e alla classe, in relazione alle aree indicate nel QDR delle prove INVALSI di italiano. Avendo infatti tali sezioni di 10 quesiti lo scopo di far emergere eventuali lacune che il citato QDR prende in considerazione nella Prova nazionale, procedere per singole aree - attraverso un numero contenuto di quesiti e senza dispersione nel tempo - e riflettere localmente su ciascuna di esse con le alunne e gli alunni, risulta più vantaggioso e proficuo per impostare i percorsi di consolidamento e/o recupero in vista della Prova nazionale stessa.
Con riferimento alla possibilità di dare indicazione di un livello, l'insegnante può comunque riportare a base 10 la singola area o la combinazione di più aree orientandosi con la seguente tabella:

Numero aree testate	Totale punti	Punti riportati			
1 area	10	5	6	7-8	9-10
2 aree	20	10	12	14-16	18-20
3 aree	30	15	18	21-24	27-30
4 aree	40	20	24	28-32	36-40
		Livello corrispondente			
		iniziale	base	intermedio	avanzato

Seconda parte - La Prova nazionale INVALSI

Gli **allenamenti** presenti in questa parte sono stati pensati per poter essere svolti in classe nel corso di un'ora di lezione. Ciascun allenamento è composto di 20 quesiti così divisi:

- 15 quesiti di comprensione della lettura su brani di varie tipologie testuali;
- 2 quesiti di lessico;
- 3 quesiti di riflessione sulla lingua.

In apertura viene proposto un **allenamento guidato**: attraverso tale allenamento è spiegato un approccio risolutivo in tre passaggi, utile per acquisire un metodo per affrontare tutti i quesiti presenti negli allenamenti, nella prova simulata e, in generale, nella Prova nazionale INVALSI.
Sarebbe opportuno svolgere in classe questo allenamento guidato, per analizzarlo e commentarlo insieme in modo da aiutare la classe a cogliere la ricorsività dei passaggi proposti.

Gli allenamenti proposti sono finalizzati alla puntualizzazione dell'esercizio delle competenze relative all'italiano secondo quanto testato dall'INVALSI in relazione a una precisa tipologia testuale. Essi restituiscono perciò in primo luogo un livello di competenza a chi li svolge; è possibile però, per la maggiore familiarità che gli alunni e le alunne hanno con la valutazione numerica dei propri elaborati, mostrare la corrispondenza del livello INVALSI raggiunto con un voto espresso in decimi.

Forse è superfluo ricordare in questa sede che la competenza si dà o no e che essa si esprime in modo positivo, quindi (in sintesi e per semplicità) in ordine alla valutazione degli allenamenti, è possibile identificare il livello soglia di sufficienza in quello che si ottiene con 12 risposte corrette (su un totale di 20), delle quali 10 relative alla Comprensione del testo (su un totale di 15) e 2 relative a Lessico/Riflessione sulla lingua (su un totale di 5). In questo modo si possono assegnare 12 punti, ovvero un voto in decimi pari a 6. Per le ulteriori risposte corrette, di qualsiasi tipo, successive alle prime 12 vengono assegnati punti in più secondo la seguente tabella, l'ultima colonna della quale riporta la corrispondenza al livello INVALSI.

Comprensione della lettura	Lessico / Riflessione sulla lingua	Punti	Voto	Livello INVALSI
10 risposte corrette	2 risposte corrette	12	6	1
ulteriori 2 risposte corrette		14	7	2
ulteriori 4 risposte corrette		16	8	3
ulteriori 6 risposte corrette		18	9	4
ulteriori 8 risposte corrette		20	10	5

Il testo offre infine una **prova simulata** completa da svolgere in 90 minuti, il tempo stabilito dall'INVALSI: sono proposti per la lettura 4 testi, di tipologia diversa, rispetto a ciascuno dei quali sono date 8 domande di comprensione; seguono 3 domande di lessico e 5 di riflessione sulla lingua.
Per la prova simulata non è prevista la possibilità di avere un voto espresso in decimi, essendo i singoli descrittori afferenti a ciascun livello di competenza opportunamente distribuiti nelle singole parti che compongono l'intera prova.

Prova simulata	
Comprensione della lettura 1	Punti: .../8
Comprensione della lettura 2	Punti: .../8
Comprensione della lettura 3	Punti: .../8
Comprensione della lettura 4	Punti: .../8
Lessico	Punti: .../3
Riflessione sulla lingua	Punti: .../5
Totale prova	**Punti: .../40**
Livello di competenza	**Livello: .../5**

Per ricavare la corrispondenza tra il punteggio totale e il livello di competenza si farà infine riferimento alla seguente tabella:

Risposte corrette	Livello di competenza INVALSI	Descrizione dei livelli di competenza
0-5	0	L'esito conseguito dall'allievo/a nella prova non consente l'attestazione del raggiungimento del livello 1.
6-14	1	L'allievo/a individua singole informazioni date esplicitamente in parti circoscritte di un testo. Mette in relazione informazioni facilmente rintracciabili nel testo e, utilizzando anche conoscenze personali, ricava semplici informazioni non date esplicitamente. Conosce e usa le parole del lessico di base, e riesce a ricostruire il significato di singole parole o espressioni non note ma facilmente comprensibili in base al contesto. Svolge compiti grammaticali che mettono a fuoco un singolo elemento linguistico, e in cui è sufficiente la propria conoscenza naturale e spontanea della lingua.
15-22	2	L'allievo/a individua informazioni date esplicitamente in punti anche lontani del testo. Ricostruisce significati e riconosce relazioni tra informazioni (ad esempio di causa-effetto) presenti in una parte estesa di testo. Utilizza elementi testuali (ad esempio uso del corsivo, aggettivi, condizionale, congiuntivo) per ricostruire l'intenzione comunicativa dell'autore in una parte significativa del testo. Conosce e usa parole ed espressioni comuni, anche astratte e settoriali, purché legate a situazioni abituali. Svolge compiti grammaticali in cui la conoscenza naturale e spontanea della lingua è supportata da elementi di riflessione sugli aspetti fondamentali della lingua stessa.
23-29	3	L'allievo/a individua una o più informazioni fornite esplicitamente in una porzione ampia di testo, distinguendole da altre non pertinenti. Ricostruisce il significato di una parte o dell'intero testo ricavando informazioni implicite da elementi testuali (ad esempio punteggiatura o congiunzioni) anche mediante conoscenze ed esperienze personali. Coglie la struttura del testo (ad esempio titoli, capoversi, ripartizioni interne) e la funzione degli elementi che la costituiscono. Conosce e usa parole ed espressioni comuni, anche non legate a situazioni abituali. Conosce e utilizza le forme e le strutture di base della grammatica e la relativa terminologia.
30-35	4	L'allievo/a riconosce e ricostruisce autonomamente significati complessi, espliciti e impliciti. Riorganizza le informazioni secondo un ordine logico-gerarchico. Comprende il senso dell'intero testo e lo utilizza per completare in modo coerente una sintesi data del testo stesso. Coglie il tono generale del testo (ad esempio ironico o polemico) o di sue specifiche parti. Padroneggia un lessico ampio e adeguato al contesto. Conosce e utilizza i principali contenuti grammaticali e li applica all'analisi e al confronto di più elementi linguistici (parole, gruppi di parole, frasi).
36-40	5	L'allievo/a riconosce e ricostruisce autonomamente significati complessi, espliciti e impliciti in diversi tipi di testo. Coglie il senso del testo al di là del suo significato letterale, e ne identifica tono, funzione e scopo, anche elaborando elementi di dettaglio o non immediatamente evidenti. Riconosce diversi modi di argomentare. Mostra una sicura padronanza lessicale e affronta compiti grammaticali che richiedono di analizzare e confrontare strutture linguistiche complesse, tenendo sotto controllo contemporaneamente più ambiti della grammatica (ad esempio sintassi e morfologia).

TEST LEARNING LOSS

Una rosa per Maryam

TESTO INFORMATIVO

Rosa Dream Catcher (Cacciatrice di Sogni), miniatura dai piccoli fiori di colore rosa confetto che tende al camoscio verso il centro. L'arbusto, rifiorente, raggiunge al massimo i 75 cm di altezza: viste le sue dimensioni ridotte, la rosa è adatta alla coltivazione in vaso.

«Più tempo trascorro immersa nella matematica, più mi entusiasmo.»

Maryam Mirzakhani voleva fare la scrittrice. Da piccola, quando usciva da scuola, le piaceva andare a comprare ogni genere di romanzo. Siamo a Teheran nel 1989, e la guerra tra Iraq e Iran è appena terminata. Maryam si considera una bambina fortunata: ha appena finito le elementari e l'aria nuova che si respira nel Paese le permette di scegliere una buona scuola per continuare gli studi con orgoglio. Non è portata per la matematica, preferisce scrivere e immaginare storie, ma quando intravede le meravigliose avventure che si nascondono in una forma geometrica, meglio se inusuale e iperbolica, scopre una nuova passione, persino più travolgente della letteratura.
Qualche professore ammuffito una volta ha dichiarato che le donne non sono portate per la matematica. È stato ricoperto di repliche sarcastiche dalle scienziate di tutto il mondo, ma i pregiudizi vengono da lontano e faticano a morire. Eppure Maryam non si ferma davanti a niente e continua i suoi studi con entusiasmo, tanto che a 17 anni ha già vinto la medaglia d'oro alle Olimpiadi internazionali di Matematica di Hong Kong. Un'emozione incredibile per una ragazzina che sembra uno scricciolo ma con grandi occhi verdi, due fanali spalancati sul mondo. Maryam vede la bellezza nella matematica e attraversa i problemi come un'esploratrice nella giungla, scovando sempre nuovi sentieri invisibili ai più. «Per la maggior parte del tempo fare matematica per me è come una lunga escursione senza un sentiero tracciato né un traguardo visibile.» Nei tanti filmati che la ritraggono durante le sue affollatissime lezioni, quando Maryam disegna sulla lavagna infinite formule matematiche e figure geometriche per noi profani totalmente misteriose, intuiamo l'immensa gioia che le procura questa totale immersione nella ricerca, e rimaniamo estasiati dal guizzo intelligente del suo sguardo ispirato. Si definisce «lenta» ma – potremmo aggiungere – «implacabile» perché non molla mai la presa e arriva sempre in cima alla montagna dove l'orizzonte, alla fine, appare chiaro e comprensibile per tutti.
E proprio la scalata di una di queste cime le vale, nel 2014, a soli trentasette anni, la medaglia Fields: il premio più ambito per un matematico. Maryam è la prima e finora l'unica donna al mondo ad aver conquistato questo prestigioso riconoscimento che equivale al Nobel. Per avere un'idea dell'importanza di questa affermazione bisogna pensare che fino agli anni Sessanta nella democratica America le ragazze non erano ancora ammesse ai dottorati in matematica. Mirzakhani è una piccola pioniera che con il suo esempio ha autorizzato tutte le donne che scelgono questo campo a sentirsi più forti e coraggiose; non tanto per affrontare gli studi, ma per sfidare il bombardamento di pregiudizi che le aspetta al varco. Maryam è una combattente paziente: «Magari

parte piano – come fa quando va a correre – ma poi arriva prima di tutti», così racconta il marito, un altro supermatematico che l'ha incontrata alla prestigiosa Università di Stanford, dove la scienziata si era guadagnata una cattedra e insegnava dal 2008. Purtroppo tra tante scalate e battaglie vinte Maryam ha perso il combattimento più insidioso e subdolo della sua vita. Un cancro al seno se l'è portata via il 15 luglio 2017, a soli quarant'anni, con una montagna di progetti ancora da realizzare.

Mirzakhani era già malata quando le hanno annunciato la vittoria della medaglia Fields, e ha dubitato a lungo se presenziare alla cerimonia di premiazione, aveva appena concluso un ciclo di chemioterapia e temeva di non avere la forza di affrontare lo stress mediatico. Ma la fisica belga Ingrid Daubechies, all'epoca presidentessa dell'Unione Matematica Internazionale, organizza per lei un gruppo di amiche scienziate che si impegna a proteggerla e sostenerla per tutta la durata dell'evento: una vera task force che scherzosamente verrà ricordata come la M.M. Shield, ovvero «lo scudo di Maryam Mirzakhani». Un bell'esempio di solidarietà femminile che ha permesso alla vincitrice di godersi il meritato trionfo in tutta tranquillità.

Maryam va ricordata per tutti i motivi che vi ho raccontato e anche perché rappresenta un meraviglioso esempio di come vorremmo il futuro delle ragazze e dei ragazzi del mondo: liberi di volare senza barriere né confini, grazie alle ali del merito e del talento. Come instancabile «cacciatrice di sogni», le spetta senza ombra di dubbio la rosa Dream Catcher.

da S. Dandini, *Il catalogo delle donne valorose*, Mondadori

AREA 1 Localizzare e individuare informazioni all'interno del testo

1 Dove trascorre l'infanzia Maryam?

A Iraq.
B Teheran.
C Stanford.
D Hong Kong.

2 Quale desiderio ha Maryam da bambina?

A Creare e coltivare rose.
B Insegnare matematica.
C Fare la scrittrice.
D Fare la scalatrice.

3 **Quale competizione vince Maryam a 17 anni?**

A La scalata del Monte Fields.

B Le Olimpiadi internazionali di Matematica di Hong Kong.

C Le Olimpiadi internazionali di Geometria di Stanford.

D Il Nobel per la Matematica a Oslo.

4 **A che cosa è riferita l'espressione «due fanali spalancati sul mondo» (riga 22)?**

A Alle luci che illuminano gli studi di Maryam.

B Alla capacità di Maryam di capire la matematica.

C Alla curiosità di Maryam.

D Agli occhi di Maryam.

5 **A che età Maryam vince la medaglia Fields?**

A Dodici anni.

B Diciassette anni.

C Trentasette anni.

D Quaranta anni.

6 **Dove ha insegnato Maryam dal 2008?**

A All'Università di Stanford.

B All'Università di Teheran.

C All'Università di Hong Kong.

D All'Università di Fields.

7 **Chi è la presidentessa dell'Unione Matematica Internazionale?**

A Belga Nobel.

B Ingrid Daubechies.

C Rosa Catcher.

D Maryam Mirzakhani.

8 **Che cosa non è la «M.M. Shield»?**

A Una task force che protesse e sostenne Maryam per tutta la durata dell'evento relativo al conferimento della medaglia Fields.

B Un gruppo di amiche di Maryam: è un esempio di solidarietà femminile perché grazie a loro la matematica poté partecipare alla cerimonia di premiazione della medaglia Fields.

C Il gruppo di scienziate, amiche di Maryam, che fanno parte dell'Unione Matematica Internazionale: accompagnano le socie a ritirare la medaglia Fields.

D Il gruppo di scienziate, amiche di Maryam, che l'hanno accompagnata a ritirare la medaglia Fields.

9 **Come definisce se stessa Maryam?**

- A Lenta.
- B Lenta ma implacabile.
- C Combattente paziente.
- D Instancabile cacciatrice di sogni.

10 **Quale varietà di rosa, coltivabile in vaso, raggiunge l'altezza massima di circa 75 cm e ha i fiori piccoli e rosa confetto?**

LA ROSA DREAM CATCHER

AREA 2 Ricostruire il significato del testo, a livello locale o globale

11 **In che anno è nata Maryam?**

1977

12 **Perché Maryam può continuare a studiare dopo le elementari?**

- A Perché la guerra è finita e in Iran c'è una situazione di relativa tranquillità.
- B Perché la guerra è finita e in Iraq c'è una situazione di relativa tranquillità.
- C Perché la famiglia di Maryam ha lasciato le zone di guerra per una zona pacificata.
- D Perché la famiglia di Maryam è ricca e può pagare una buona scuola, anche se c'è ancora la guerra tra Iran e Iraq.

13 **Qual è l'inclinazione di Maryam da bambina?**

- A L'esplorazione delle foreste.
- B La matematica e la geometria.
- C La scrittura di storie che immagina.
- D La lettura dei romanzi d'avventura.

14 **Quale primato ha Maryam?**

- A È stata la prima donna a vincere la medaglia d'oro alle Olimpiadi di Matematica di Hong Kong.
- B È stata la prima donna a vincere la medaglia Fields.
- C È stata la prima e unica donna a vincere la medaglia d'oro alle Olimpiadi di Matematica di Hong Kong e la medaglia Fields.
- D È stata l'ultima scienziata iraniana a vincere la medaglia Fields.

15 **Che cosa significa che Maryam Mirzakhani «è una piccola pioniera» (riga 38)?**

A Significa che la sua vicenda è stata di esempio per tutte le scienziate del mondo.

B Significa che la sua vicenda ha insegnato ad altre donne ad affrontare i pregiudizi della comunità scientifica.

C Significa che la sua vicenda ha aiutato altre donne a intraprendere studi di tipo scientifico e a resistere ai pregiudizi che ci sono in questo campo.

NO D Significa che la sua vicenda ha incoraggiato altre donne a intraprendere studi di tipo scientifico.

16 **Qual è l'esatta successione cronologica delle «vittorie» di Maryam Mirzakhani?**

A Cattedra a Stanford, medaglia d'oro alle Olimpiadi di Matematica di Hong Kong, medaglia Fields.

B Medaglia d'oro alle Olimpiadi di Matematica di Hong Kong, cattedra a Stanford, medaglia Fields.

C Medaglia d'oro alle Olimpiadi di Matematica di Hong Kong, medaglia Fields, cattedra a Stanford.

D Medaglia Fields, medaglia d'oro alle Olimpiadi di Matematica di Hong Kong, cattedra a Stanford.

17 **Perché Maryam non va da sola a ricevere la medaglia Fields?**

A È convalescente da un ciclo di terapie mediche.

B È stanca.

C Non è in grado di affrontare il viaggio.

D Non vuole ricevere il premio.

18 **Qual è l'argomento del brano?**

A Le teorie matematiche di Maryam Mirzakhani.

B La vita di Maryam Mirzakhani e ciò che essa può significare.

C L'opera di Maryam Mirzakhani.

D I premi che Maryam Mirzakhani ha vinto.

19 **Che cosa provoca a Maryam Mirzakhani un'«immensa gioia» (riga 28)?**

A Il fatto di poter scrivere moltissime formule sulla lavagna.

B Il fatto di essere ammirata dai suoi studenti.

C Il fatto di non essere compresa da nessuno, se non dai suoi studenti.

D Il fatto di essere totalmente immersa nella ricerca.

20 **Quale pregiudizio ha «qualche professore ammuffito» (riga 16)?**

A Le donne non sono portate per le scienze.

B Le donne non sono portate per la matematica.

C Le donne non sono portate per lo studio in generale, per la matematica e le scienze in particolare.

D Le donne sono portate per la letteratura, l'arte e i romanzi d'amore.

AREA 3 Riflettere sul contenuto o sulla forma del testo, a livello locale o globale, e valutarli

21 **Com'è il linguaggio del testo che hai letto?**

A Semplice, familiare, senza termini ricercati.

B Apparentemente semplice, ma con termini selezionati e a volte ricercati.

C Abbastanza difficile perché presenta pochi termini semplici e di uso comune.

D Difficile perché presenta molti termini ricercati e appartenenti al linguaggio scientifico.

22 **Qual è il legame tra la Dream Catcher e Maryam Mirzakhani?**

A Dream Catcher è il nome di uno dei riconoscimenti che la protagonista del brano ha ricevuto nel corso della sua vita.

B Dream Catcher e M.M. Shield sono i nomi di due gruppi di scienziate dei quali la protagonista ha fatto parte nel corso della sua vita.

C Secondo l'autrice del brano, la vicenda biografica della protagonista può essere associata a questa varietà di rosa.

D Secondo l'autrice del brano, a Maryam Mirzakhani può essere attribuita la creazione di questa varietà di rosa.

23 **Qual è lo scopo del brano che hai letto?**

A Mostrare un esempio di come l'autrice vorrebbe che fosse il futuro dei giovani di tutto il mondo.

B Fornire un esempio di come l'autrice non vorrebbe che fosse il futuro dei giovani di tutto il mondo.

C Mostrare un esempio di come l'autrice pensa possa essere stato il passato dei giovani di tutto il mondo.

D Fornire un esempio di quello che l'autrice vorrebbe che i giovani di tutto il mondo non facessero per il loro futuro.

24 **La disposizione degli elementi del testo è funzionale alla narrazione?**

A Sì: il cappello introduttivo relativo alla rosa introduce alla reale protagonista della vicenda narrata, la Dream Catcher.

B No: il cappello introduttivo relativo alla rosa è un pretesto che l'autrice inserisce solo a scopo estetico, per riempire la pagina.

C Sì: il cappello introduttivo relativo alla rosa è richiamato dalla conclusione del testo.

D No: il cappello introduttivo relativo alla rosa resta fine a se stesso.

25 **In quale parte di testo è individuabile, isolato, il tratto più importante del carattere della protagonista?**

A Nel cappello introduttivo.

B Nella citazione tra il cappello introduttivo e il brano.

C All'inizio del brano: «Maryam Mirzakhani voleva fare la scrittrice».

D Nell'ultimo capoverso del brano: «Come instancabile…».

26 **Come definisce Maryam il suo fare ricerca matematica?**

A Un'avventura nella giungla.

B Una lunga escursione.

C Una scalata.

D Un'immensa gioia.

27 **A che cosa è paragonata Maryam quando studia i problemi? (quattro parole)**

UN'AVVENTURA NELLA GIUNGLA

28 **Quale figura retorica è presente nell'espressione «i pregiudizi vengono da lontano e faticano a morire» (riga 18)? (una parola)**

METAFORA

29 **Quale figura retorica è presente nell'espressione «le ali del merito e del talento» (riga 59)?**

A Similitudine.

B Metafora.

C Paronomasia.

D Personificazione.

30 **Il testo che hai letto narra anche di un tragico punto di svolta nella vicenda personale di Maryam: all'apice della sua ricerca scientifica infatti morirà, molto giovane e con molti altri progetti da portare avanti. Quale indicatore sintattico lo segnala nel testo (riga 45)?**

A Il nome sottinteso «Mirzakhani».

B Il nome «Maryam».

C L'aggettivo «Purtroppo».

D L'avverbio «Purtroppo».

AREA 4 Ambiti grammaticali e progressione

31 **Quale tra quelle proposte è la corretta grafia?**

A Taque.

B Tacqe.

C Tacque.

D Taccue.

32 **Nella frase «Laura ne ha combinata un'altra delle <u>sue</u>», la parola sottolineata è:**

A un aggettivo possessivo.

B un aggettivo qualificativo.

C un pronome possessivo.

D un pronome identificativo.

33 **In quale delle seguenti parole le sillabe «anti-» non hanno valore di prefisso?**

A Antipodi.

B Antichità.

C Antisismico.

D Antimeridiano.

34 **Quale tra i seguenti non è un nome composto?**

A Piattaforma.

B Altoforno.

C Francobollo.

D Sempreverde.

35 **Qual è il modo del verbo nella frase «Non fate rumore»?**

A Indicativo.
B Imperativo.
C Futuro.
D Infinito.

36 **Nella frase «Volesse il cielo che tu possa partire con Marco!» i soggetti sono:**

A ce n'è solo uno: «tu».
B «il cielo» e «tu».
C «volesse» e «tu».
D «tu» e «Marco».

37 **In quale delle seguenti frasi non è presente il complemento di termine?**

A Chi ti ha offeso?
B Mi piace ascoltare della buona musica classica.
C Hai creduto alle sue parole ciecamente.
D La cassiera mi ha consegnato uno scontrino sbagliato.

38 **Nella frase «Vorrei offrirti un gelato alla crema con gocce di cioccolato e variegatura alla menta» è presente:**

A un predicato nominale, ossia «vorrei offrir-ti».
B un solo predicato verbale, ossia «vorrei offrir-».
C due predicati verbali, ossia «vorrei» e «offrir-».
D un predicato verbale, «vorrei», e un predicato nominale, «offrir-ti».

39 **Se leggendo la frase «Le ragazze <u>belghe</u> sono <u>biondissime</u> e di solito <u>si spostano</u> in bicicletta» non conoscessi il significato delle parole sottolineate, quali voci dovresti cercare nel dizionario?**

A Belga, bionda, spostare.
B Belgio, biondo, spostare.
C Belga, biondo, spostare.
D Belgi, biondo, spostarsi.

40 **In quale frase la punteggiatura è usata in modo corretto?**

A Giovanna, la ragazza che è stata appena assunta, all'ufficio postale di Jesolo, si è appena laureata in lingue orientali a Venezia.
B Giovanna, la ragazza che è stata appena assunta all'ufficio postale di Jesolo, si è appena laureata in lingue orientali a Venezia.
C Giovanna la ragazza, che è stata appena assunta all'ufficio postale di Jesolo, si è appena laureata in lingue orientali a Venezia.
D Giovanna, la ragazza che è stata appena assunta all'ufficio postale di Jesolo si è appena laureata in lingue orientali a Venezia.

PROVE INVALSI

ALLENAMENTO GUIDATO

Il primo allenamento che proponiamo è guidato: ti forniremo una serie di strategie e suggerimenti per affrontare le domande, per acquisire un metodo che potrai poi utilizzare negli altri allenamenti, nella prova simulata e, soprattutto, nella Prova INVALSI ufficiale. Cerca di svolgere con attenzione questo allenamento e confrontati con l'insegnante nel caso di dubbi su come procedere o per chiarimenti.

Durante la Prova INVALSI è importante controllare e utilizzare al meglio il tempo che hai a disposizione: capire bene le domande e applicare alcune strategie per individuare la risposta corretta, ti permetterà di gestire il tempo in modo efficace.

Per questo ti proponiamo un metodo articolato in tre semplici passi, che abbiamo visualizzato con delle icone:

- Leggi bene la domanda; rileggila e focalizzati sulle parole-chiave o sugli elementi centrali; chiediti che cosa significano e a che cosa rimandano.
- Leggi con attenzione le risposte date, se ci sono; torna sul brano letto, soprattutto se nella domanda sono indicate righe di riferimento. Ipotizza la risposta corretta.
- Fai un ultimo controllo sulle risposte che hai scartato per verificare che in esse siano presenti elementi non appropriati alle richieste poste dalla domanda.

Sei pronto per iniziare? Allora leggi il brano e poi rispondi alle domande seguendo i suggerimenti. Vedrai che sarà tutto più semplice.

COMPRENSIONE DELLA LETTURA

Frankenstein

TESTO NARRATIVO

Quando mi ritrovai in possesso di una facoltà così strabiliante, esitai a lungo sul come utilizzarla. Avevo la capacità di infondere la vita, tuttavia preparare un corpo, con i suoi intrichi di vene, muscoli e fibre, atto a riceverla restava pur sempre un'impresa difficile, una fatica improba. Mi domandai dapprima se dovessi tentare la creazione di un essere come me o di struttura più semplice, ma la mia immaginazione, infiammata dal successo, non mi faceva dubitare di riuscire a dar vita a un animale complesso e meraviglioso come l'uomo. Anche se i materiali a mia disposizione in quel momento sembravano inadeguati a questa ardita impresa, ero fiducioso che sarei arrivato alla meta. Mi preparai ad affrontare una quantità di rovesci: i miei tentativi potevano risultare vani e la mia opera alla fine rivelarsi imperfetta ma, considerando i progressi che si verificano ogni giorno in campo scientifico, mi sentivo incoraggiato a tentare; avrei, se non altro, gettato le basi per un successo futuro. Neppure la vastità e la complessità del progetto erano argomentazioni sufficienti a farmi considerare inattuabile quanto mi proponevo. Con questi sentimenti intrapresi la creazione di un essere umano. Poiché le piccole dimensioni costituivano un grave intralcio alla rapidità del mio lavoro decisi, contrariamente alla mia prima intenzione, di costruire un essere gigantesco, alto circa otto piedi e di corporatura in proporzione. Stabilito questo punto, e dopo alcuni mesi impiegati a radunare e predisporre il materiale occorrente, cominciai.

Fu in una tetra notte di novembre che vidi il compimento delle mie fatiche. Con un'ansia simile all'angoscia radunai gli strumenti con i quali avrei trasmesso la scintilla della vita alla cosa inanimata che giaceva ai miei piedi. Era già l'una del mattino; la pioggia batteva lugubre contro i vetri, la candela era quasi consumata quando, tra i bagliori della luce morente, la mia creatura aprì gli occhi, opachi e giallastri, trasse un respiro faticoso e un moto convulso ne agitò le membra.
Come posso descrivere la mia emozione a quella catastrofe, descrivere l'essere miserevole cui avevo dato forma con tanta cura e tanta pena? Il corpo era proporzionato e avevo modellato le sue fattezze pensando al sublime. Sublime? Gran Dio! La pelle gialla a stento copriva l'intreccio dei muscoli e delle vene; i capelli folti erano di un nero lucente e i denti di un candore perlaceo; ma queste bellezze rendevano ancor più orrido il contrasto con gli occhi acquosi, grigiognoli come le orbite in cui affondavano, il colorito terreo, le labbra nere e tirate.
La vita non offre avvenimenti tanto mutevoli quanto lo sono i sentimenti dell'uomo. Avevo lavorato duramente per quasi due anni al solo scopo di infondere la vita a un corpo inanimato. Per questo avevo rinunciato al riposo e alla salute. L'avevo desiderato con intensità smodata, ma ora che avevo raggiunto la meta il fascino del sogno svaniva, orrore e disgusto infiniti mi riempivano il cuore. Incapace di sostenere la vista dell'essere che avevo creato, fuggii dal laboratorio e a lungo camminai avanti e indietro nella mia camera da letto, senza riuscire a dormire.

da M. Shelley, *Frankenstein*, trad. di M. P. Saci e F. Troncarelli, Garzanti

1 **L'impresa che il narratore sta per compiere è definita «una fatica improba» (riga 4). Che cosa significa?**

A Che l'impresa è molto faticosa ma semplice.
B Che l'impresa è facile e avrà successo.
C Che l'impresa è degna di un premio.
D Che l'impresa è molto difficile e complessa.

Parole-chiave: «impresa» riferita al «narratore» e «fatica improba» riferita a «impresa». L'impresa del narratore è una fatica, qualcosa di difficile per qualche aspetto. Per spiegare perché è anche «improba» dobbiamo conoscere il significato di questa parola. Non avendo a disposizione il dizionario, si deve far ricorso al testo, in particolare alle frasi in cui il termine compare.

Il narratore dice di aver lavorato a lungo alla sua impresa, che ha avuto dei problemi nel compierla, infatti la definisce «una fatica». Le risposte da scartare, alla luce di quanto si ricorda, sono per ora solo una: la B.

Dalla rilettura del testo però, alla riga 4, si trova che l'«impresa», descritta come «difficile», è definita anche «una fatica improba», espressione questa dalla quale risulta separata da una virgola: quindi «improba» deve significare qualcosa di simile a «difficile». Considera quindi come risposta esatta la D.

Qui controllare le risposte scartate è utile: se l'«impresa» è definita «difficile», cade subito la risposta A perché non può essere «semplice»; d'altra parte, non essendoci traccia nel testo di premi per questa «impresa», anche la risposta C è sicuramente da eliminare.

2 **Di quale facoltà è in possesso il narratore?**

A Preparare un corpo umano.

B Infondere la vita.

C Impressionare la comunità scientifica.

D Resistere alle fatiche.

Parole-chiave: «facoltà» e «narratore»; la prima rimanda a una qualità della mente, indica che si è capaci di fare qualcosa; «narratore» è un elemento tecnico e indica la voce che racconta la storia.

Il narratore in questo testo è un uomo che ha fatto un esperimento: ha creato un essere umano. Le risposte che soddisfano la prima impressione avuta dalla lettura sono la A e la B e la «migliore» è la B. Rileggendo il testo, infatti, alla riga 2 c'è scritto: «avevo la capacità di infondere la vita».

In questo caso, avendo trovato alla riga 2 le parole precise di una delle possibili risposte, ogni controllo ulteriore è superfluo. Risparmia il tempo per i prossimi quesiti.

3 **Per quanto tempo il narratore ha lavorato alla sua impresa? (tre parole)**

....

Parole-chiave: «quanto tempo» riferito al «narratore» e «alla sua impresa». È prevista una risposta aperta: significa che la ricognizione sul testo dovrà essere molto precisa e orientata al reperimento delle indicazioni temporali.

Dalla rilettura del testo si trova, dopo qualche indicazione di orario puntuale e di durata, alla riga 33, esplicitamente scritto che il narratore ha lavorato al suo progetto per «quasi due anni».

Sono richieste tre parole: «quasi due anni» è corretto anche dal punto di vista della forma ed è risposta esatta.

4 **Quale «ardita impresa» sta per compiere il narratore?**

A Riprodurre in laboratorio vene, muscoli e fibre.

B Creare un essere vivente.

C Creare un essere umano.

D Collaborare alla creazione di un essere umano.

Parole-chiave: «narratore» e «ardita impresa» da compiere. Visto che ci sono delle parole tra virgolette, cerca l'espressione nel testo per risalire a ciò a cui si riferisce dal contesto.

«Ardita impresa» richiama l'«impresa difficile» e la «fatica improba» della riga 4: questa espressione si riferisce allora alla medesima impresa, cioè alla creazione di un essere umano. Nel testo, l'espressione «ardita impresa» si trova alla riga 8 ed è riferita alla creazione di un essere umano, come si legge alla riga 14: dunque la risposta esatta è la C.

Rileggendo le possibili risposte, la A rimanda a una fase dell'«impresa», la B è troppo generica, la possibilità infine che qualche altro scienziato stia lavorando alla medesima impresa è esclusa dalle righe 9-12 dove si fa riferimento a «gettare le basi per un successo futuro».

5 **Perché secondo il narratore è più facile costruire un essere gigantesco?**

A Perché le dimensioni ridotte rallentano il lavoro.
B Perché sulle grandi dimensioni si notano di meno gli eventuali difetti.
C Perché le dimensioni ridotte richiedono una vista acutissima.
D Perché è più facile trovare parti di grandi dimensioni da unire.

Parole-chiave: «narratore», «essere gigantesco» e «più facile costruire». Con questi riferimenti, torna sul testo.

Alla riga 16 si trova esplicitata la decisione del narratore di «costruire un essere gigantesco», «contrariamente» alla sua prima intenzione. Per conoscere il perché risali alla riga 15: le piccole dimensioni rallentano il lavoro.
La risposta giusta è dunque la A.

Fondata la scelta sulle righe 15-16, le risposte B e D cadono immediatamente perché si riferiscono a vantaggi legati alle grandi dimensioni, mentre la C va scartata presentando essa un dettaglio che potrebbe essere fonte di rallentamento ma non ha riscontro nel testo.

6 **Basandoti sul testo, indica quali delle seguenti affermazioni sono vere e quali false.**

	Vero	Falso
a. Il narratore è uno scienziato.	☐	☐
b. Il narratore pensa che il suo progetto sia inattuabile.	☐	☐
c. Il narratore impiega pochi giorni a radunare e predisporre il materiale occorrente per la sua impresa.	☐	☐
d. Il narratore crede nei progressi della scienza.	☐	☐

Parole-chiave: in questo caso, per ciascuna affermazione va fatta un'analisi. Gli elementi da considerare per rispondere sono: «narratore» (item a), «progetto» (b), «materiale occorrente» (c), «progressi della scienza» (d). Si può rispondere solo vero o falso, ma anche in questo caso la ricerca delle informazioni o degli elementi che permettano di dedurre se quanto affermato è vero o falso, va fatta riconsiderando il testo nel dettaglio e in generale.

item a) vero: alle righe 2-3 pare verosimile che il narratore sia un medico, alle righe 10-11 si fa riferimento ai progressi che si registrano in campo scientifico e che lo incoraggiano a tentare; tutti questi elementi ci autorizzano a rispondere «vero».
item b) falso: alle righe 8 e 11 si dice che il narratore è incoraggiato a tentare la sua impresa.
item c) falso: si trova informazione esplicita contraria alle righe 17-18.
item d) vero: dalla riga 10 alla 14 si evince che il narratore ha fiducia nel progresso scientifico.

In questo caso, il riscontro è già implicito nella scelta della risposta corretta.

7 **Completa la seguente affermazione nel modo corretto. (due parole)**

Rispetto all'impresa che sta per compiere, il narratore pensa che è .... preparare un corpo in grado di ricevere la vita che infondere in esso la vita stessa.

Parole-chiave: «completa». Per rispondere correttamente bisogna analizzare il testo da completare: è presente una comparazione introdotta da «che» («che infondere»), quindi dovrai riflettere sulla relazione che lega i termini espressi («preparare un corpo»; «infondere la vita») per trovare il completamento corretto.

Le righe da 2 a 4 sono quelle utili per dare la risposta corretta: il narratore ha la capacità di «infondere la vita» ma considera «un'impresa difficile» «preparare un corpo... atto a riceverla». Dunque la risposta da scrivere è «più difficile».

Il controllo qui sarà guidato dalla domanda: si può esprimere lo stesso concetto in un altro modo? Si può essere più precisi?

8 **Nel testo il narratore si riferisce a una tecnica di riproduzione degli organismi viventi (molto amata dagli autori di romanzi di fantascienza). Quale?**

A Partenogenesi.
B Clonazione.
C Propagazione clonale.
D Meiosi.

Parole-chiave: «tecnica di riproduzione degli organismi viventi». Dove se ne parla nel testo?

Le possibili risposte propongono termini non presenti nel testo, quindi, oltre a rintracciare passaggi utili a definire la risposta, dovrai fare ricorso al tuo personale patrimonio culturale. Alle righe 4-5 si parla di creazione di un essere «come me»; alcuni termini sono riconoscibili come appartenenti al campo delle scienze e anche della letteratura di fantascienza; uno, quello della risposta C, sembra inventato. Lasciando cadere C, tra gli altri tre possibili, quello usato anche in fantascienza è B perché «clonazione» è l'unico termine in cui i due aspetti richiesti dalla domanda (essere tecnica di riproduzione degli organismi viventi e uso frequente nella letteratura di fantascienza) sono presenti.

In questo caso, ciò che porta a escludere le altre risposte è il fatto che manca loro uno degli aspetti richiesti.

9 **Quale delle seguenti frasi riassume meglio il significato generale del brano letto?**

A Il narratore racconta la sua esperienza di vita come scienziato.
B Il narratore racconta un esperimento che ha condotto in passato.
C Il narratore vuole convincere il lettore che ogni giorno si verificano numerosi progressi in campo scientifico.
D Il narratore spiega al lettore un'importante scoperta scientifica.

Parole-chiave: «frasi», «riassume» e «significato generale».

Trattandosi di «significato generale» del testo, valuta le possibili risposte in termini di maggiore o minore aderenza all'intero testo: ciò di cui il testo narra è un esperimento, dunque la risposta corretta è B.

Se si considerano le risposte A e D, esse sono, rispettivamente, troppo vasta («esperienza di vita») e troppo circoscritta («un'importante scoperta»). La risposta C infine non trova fondamento nel testo.

10 **Qual è l'atmosfera della notte in cui lo scienziato tenta l'esperimento?**

A Carica di tensione.
B Allegra e spensierata.
C Non si avverte nulla di particolare.
D Attesa fiduciosa.

Parole-chiave: «atmosfera», «notte», «esperimento». Dove si combinano le informazioni relative all'esperimento e alla notte per permetterti di capire qual era l'atmosfera?

Alla riga 19 si legge «tetra notte», alle righe dalla 21 alla 23 sono descritti altri elementi utili a creare l'atmosfera di quella notte: l'ora (una del mattino), la pioggia, l'illuminazione della stanza (la luce della candela). Inoltre, alle righe 19-20, il narratore parla di «ansia» simile ad «angoscia». Facendo dunque le somme, la risposta giusta è la A.

Da quanto raccolto e dedotto sopra, il riscontro della non esattezza delle risposte B, C e D è immediato: nessun elemento presentato nel testo va nella direzione delle risposte B e C; riguardo invece alla possibilità D, essa è cancellata dalle righe 19-20.

11 **Chi è Frankenstein?**

A Lo scienziato: è anche il narratore interno della storia.
B Lo scienziato: è anche l'antagonista della creatura.
C La creatura: è anche il narratore della storia.
D Lo scrittore e narratore della storia.

Parole-chiave: il nome «Frankenstein» e la domanda «Chi è?». Controlla le possibili risposte.

«Frankenstein» è citato solo nel titolo del brano. Tra le possibili risposte l'unica plausibile è A perché se un nome compare nel titolo, esso è riferito a qualcuno di importante nella storia: in questo caso l'unica figura importante è lo scienziato, che è anche il narratore.

Per escludere con certezza le altre risposte è necessario fare ricorso agli elementi di narratologia studiati nel corso del triennio. Quindi: la risposta B non è corretta perché, pur potendosi chiamare Frankenstein, lo scienziato non è l'antagonista della creatura; non è corretta la risposta C perché, pur potendosi chiamare Frankenstein, la creatura non è il narratore; infine, non è corretta la risposta D perché scrittore e narratore non coincidono, come si legge nella nota in calce al testo.

12 **Quale effetto ha sul narratore la sua creatura?**

A Ne è entusiasta.
B Ne è impaurito.
C Ne è profondamente turbato.
D Non riesce neanche a guardarla.

Parole-chiave: «effetto sul narratore» e «creatura». C'è una parte di testo dalla quale si può comprendere quale effetto ha suscitato la creatura nel narratore?

La seconda parte del testo (righe 25-27) e l'ultimo capoverso (righe 32-38) permettono di scegliere la risposta C come esatta: le riflessioni del narratore giustificano la scelta fatta.

Dalle righe esaminate nel testo appare evidente che le risposte A e D sono infondate, mentre la B, pur verosimile (riga 37: «fuggii dal laboratorio»), non è tuttavia corretta per il fatto che tale fuga non è espressamente messa in relazione con il fatto che la creatura fosse animata, e anzi tutti gli aggettivi presenti in questo segmento di testo descrivono il campo semantico del disgusto e dell'orrore per qualcosa di mostruoso.

13 **Che aspetto ha la creatura?**

A È gigantesca, ha la pelle gialla, capelli neri e radi, occhi acquosi, colorito terreo e labbra nere.

B È minuta, ha la pelle gialla, capelli neri e folti, occhi opachi e giallastri, colorito terreo e labbra nere.

C È gigantesca, ha la pelle di un candore perlaceo, capelli neri e folti, occhi opachi e giallastri, colorito terreo e labbra nere.

D È gigantesca, ha la pelle gialla, capelli neri e folti, occhi opachi e giallastri, acquosi e grigiognoli, colorito terreo e labbra nere.

Parole-chiave: «aspetto» e «creatura». Quale immagine ho in mente della creatura? Da quali parti di testo si è formata nella mia immaginazione?

Rintraccia nel testo gli elementi che descrivono la creatura: righe 16-17 («essere gigantesco...»), righe 23-24 («gli occhi opachi...») e righe 27-31 («La pelle gialla...»). Cerca tra le possibili risposte quella in cui compare la descrizione più precisa: si trova nella D.

Per escludere la risposta B basta la parola «minuta» perché la creatura è gigantesca; riguardo alla risposta A, pur essendo corretta, è meno completa della D; la risposta C infine non è corretta perché confonde degli elementi («pelle di candore perlaceo»: nel testo tale colore è attribuito ai denti).

14 **Alla riga 27 compare per due volte la parola «sublime»: quale significato assume tale ripetizione per il lettore?**

A La parola è ripetuta con significato diverso: nel primo caso significa qualcosa di molto positivo e bellissimo, nella frase nominale invece il termine è usato in modo antifrastico.

B La parola è ripetuta con significato diverso: nel primo caso costituisce una frase nominale e significa qualcosa di bellissimo ma pericoloso, nel secondo caso invece il termine è usato in modo antifrastico.

C La parola è ripetuta con significato diverso: nel primo caso si ha un uso antifrastico del termine, nella frase nominale invece il termine è usato per significare qualcosa di molto positivo e bellissimo.

D La parola è ripetuta con il medesimo significato: in entrambi i casi fa riferimento a qualcosa di molto positivo, bellissimo, seppur estremamente pericoloso.

Parole-chiave: la parola «sublime», inoltre «significato» e «ripetizione». Per rispondere bisogna cercare di capire che effetto fa questa ripetizione al lettore, cioè a te. Pensaci e leggi le possibili risposte.

Le risposte in questo caso sono particolarmente elaborate, con espressioni e termini tecnici (frase nominale, antifrastico). Per selezionare la risposta giusta devi capire cosa vuole dire «sublime» nei contesti in cui è usato e considerare la forma in cui si presenta. Considerando questi due parametri congiuntamente (il significato del termine e il fatto che la seconda volta «Sublime» è una frase nominale), la risposta giusta è la A.

Pur non conoscendo il significato di «antifrastico», ma partendo dal parametro che «Sublime» è sicuramente una frase nominale la seconda volta che lo leggi nella riga 27, la risposta B è da scartare perché il primo uso di «sublime» non è in una frase nominale; la risposta C non è corretta perché il significato del secondo «sublime» non è quello di «bellissimo», anzi è il contrario; infine, la risposta D è da scartare perché attribuisce al termine il medesimo significato in due circostanze d'uso diverse.

15 **Quale figura retorica è presente nell'espressione «luce morente» (riga 23)?**

A Metafora.

B Similitudine.

C Personificazione.

D Nessuna figura retorica.

Parole-chiave: «figura retorica» e «luce morente». Per rispondere va studiata l'espressione «luce morente»: è necessario ricostruirne il significato per definire di quale figura retorica si tratta. In particolare, che tipo di immagine si forma nella mente a partire da questa espressione? Quali campi semantici si mettono in contatto?

Le risposte possibili sono solo tre poiché la D è esclusa dalla domanda stessa! Nell'espressione «luce morente» si ha un'azione (morire) attribuita a una cosa (la luce), dunque si tratta di una personificazione: la risposta corretta è la C.

Come detto, il controllo va condotto solo su tre possibilità: le risposte A e B non sono corrette perché l'espressione «luce morente» non presenta alcun confronto tra elementi, né implicito come vorrebbe la risposta A (metafora), né esplicito come nella risposta B (similitudine).

LESSICO

16 **Forma una collocazione lessicale, ovvero ricostruisci una «frase fatta», scegliendo la parola che completa quella proposta.**

Mangiare...

A ...la muffa.

B ...l'alga.

C ...la foglia.

D ...l'edera.

Parole-chiave: «collocazione lessicale». A volte nelle domande, soprattutto quelle relative alla parte grammaticale, sono presenti espressioni che potrebbero non essere note, ma di solito sono anche spiegate nel testo della domanda stessa con altre parole. Infatti, continuando a leggere il testo della domanda, si comprende come cercare la risposta corretta.

Se quello che si deve ottenere è una «frase fatta», semplicemente leggendo le quattro possibili combinazioni, si è in grado di identificare la risposta C come corretta.

Per essere sicuri di aver trovato la risposta giusta, va ricordato che la «frase fatta» è di solito usata non in senso letterale. Quindi, le risposte A, B e D, che non rimandano ad altro significato condiviso dai parlanti, sono da escludere.

ALLENAMENTO GUIDATO

17 **Individua la parola mancante in ciascuna frase sapendo che è la stessa per tutte e tre, ma usata con significato diverso.**

a. La polizia ha ritrovato il quadro rubato nel circuito del ************** nero.

b. Ieri la quotazione del grano ha subìto un forte rialzo sul ************** internazionale.

c. Nella mia città, il martedì è giorno del ************** delle erbe in piazza.

Parola mancante: ....

Parole-chiave: «parola mancante», «stessa» e «significato diverso». Si tratta cioè di trovare una parola che soddisfi contemporaneamente due richieste: essere la «stessa» ma acquistare «significato diverso» a seconda del contesto in cui è inserita.

Con richieste di questo tipo, se il colpo d'occhio non ha aiutato, si deve procedere in modo scientifico, anche per prove ed errori. Per prima cosa è quindi opportuno leggere tutte le frasi per capirle e contemporaneamente completarle. Se con questo tentativo non si è trovato il minimo comune multiplo delle frasi da completare, niente panico perché semplicemente si riparte dalla frase che più facilmente si riesce a completare per «fermare» una parola e provarla nelle altre frasi: se anch'esse avranno senso compiuto, ci siamo. In questo caso, la parola che soddisfa tutte le possibilità presentate è «mercato».

Controlla velocemente che tutte le frasi completate siano dotate di senso e corrette dal punto di vista morfosintattico: è ciò che conferma la correttezza della parola scelta.

RIFLESSIONE SULLA LINGUA

18 **Nella frase «L'angolo giro misura 360°», il verbo è un presente:**

A semplice.

B di consuetudine.

C atemporale.

D storico.

Parole-chiave: «verbo» e «presente». Per domande di questo tipo, oltre a ricordare la grammatica per circoscrivere l'ambito d'uso dell'elemento richiesto, è importante considerare con attenzione la frase in cui l'elemento da studiare è inserito. In questo caso si tratta di una proposizione che esprime una definizione di geometria.

Individuato il contesto d'uso del verbo da studiare (il fatto cioè che si è di fronte a una definizione), la risposta corretta è la C e l'uso del presente atemporale è in questo caso d'elezione: in una definizione di geometria, infatti, il contenuto espresso è dato come certo e stabile nel tempo.

Date le premesse, le risposte B e D risultano errate, così come la A, in virtù del fatto che ciascuna di esse rimanda a usi diversi da quello individuato nella proposizione data. In particolare: A indica qualcosa che accade nel momento in cui si parla; B indica un'azione ripetuta regolarmente nel tempo; D è usato per attualizzare fatti narrati.

19 **Nel periodo «Rischi di fare tardi, perciò sbrigati!» la frase sottolineata è una proposizione:**

A subordinata consecutiva.

B subordinata temporale.

C coordinata conclusiva.

D coordinata esplicativa.

Parole-chiave: «periodo», «sottolineata» e «proposizione». La domanda chiede di identificare una proposizione all'interno di un periodo: ancor prima di considerare le possibili risposte, si tratta quindi di fare una veloce analisi del periodo per individuare la proposizione principale e capire se le altre sono coordinate a essa o subordinate.

Il periodo proposto nella domanda presenta una principale e una coordinata introdotta da una congiunzione conclusiva («perciò»); considerando che la proposizione sottolineata non è una subordinata, la risposta esatta è da cercare solo tra due possibilità (C e D): la risposta è la C in virtù della congiunzione che la introduce.

Nessun riscontro in questo caso: tutti gli elementi risultano coerenti dall'analisi condotta sul periodo.

20 **In quale delle seguenti frasi è presente il predicato nominale?**

A Giorgio è caduto dal motorino.

B Il gangster si sistemò il cappello.

C Le rondini sono tornate.

D Marta è davvero simpatica.

Parole-chiave: «in quale» e «predicato nominale». Dato che in questo caso si chiede di rintracciare il predicato nominale in una serie di frasi, il primo passo sarà ricordare la «fisionomia» del predicato nominale.

Essendo il predicato nominale composto di una voce del verbo essere (copula) e una parte nominale (nome del predicato), scorrendo le frasi proposte ci sono due passi da compiere: isolare in ciascuna di esse il predicato, quindi studiare la natura del verbo essere, dove presente. Con questo criterio, risulta evidente che la frase B è subito esclusa, mentre nella A e nella C il verbo essere è un ausiliare (per i verbi cadere e tornare). Resta la sola frase D come possibile risposta esatta ed è così, essendo «è» copula tra il soggetto «Marta» e «simpatica» (nome del predicato).

Nessun riscontro neanche in questo caso: tutti gli elementi risultano coerenti dall'analisi condotta sulle frasi prese in considerazione.

COMPRENSIONE DELLA LETTURA

Un fungo immangiabile

TESTO NARRATIVO

«Tutto quello che si può mangiare in questa galassia, noi ce l'abbiamo», diceva modestamente l'intestazione del menù computerizzato, con una tastiera a centoventi voci.
«I signori desiderano?» disse in perfetto sineuropeo.
«Ci aiuti lei,» disse Chulain, «non è facile scegliere in un menù di sessantamila portate».
«Se permettete, signori, vi consiglierei le minestre misteriose. Sono buone, ed è emozionante non sapere cosa ne salterà fuori. Come secondo piatto, se siete robusti, potrei portarvi un prupus venusiano».
«E perché occorre essere robusti?» chiese Kook.
«Se volete rendervene conto, al tavolo vicino ne stanno servendo uno».

Al loro fianco, infatti, due russi panciuti stavano scoprendo una zuppiera da dove veniva un ottimo odore di bollito. Il primo russo infilò una forchetta, ma dalla zuppiera saettò un tentacolo azzurro che lo afferrò per la testa e lo tuffò dentro al brodo, tenendolo sotto. Due camerieri intervennero e con una coltellata liberarono il cliente. Ci provò l'altro: ma il prupus, un incrocio tra un polipo e una medusa, uscì decisamente dalla zuppiera e ingaggiò una furibonda lotta corpo a corpo.
«Come vedete,» disse il maître con un sorriso, «non tutti hanno il fisico per mangiare il prupus. Noi lo portiamo bollito, ma a lui non fa molto effetto, perché su Venere vive in un magma a duemila gradi».
«Io credo» disse Mei, «che preferiremmo qualche altra vostra specialità... non semovente, per favore».
«La nostra specialità è il fungo "semipiaci". È un fungo scoperto sul pianetino gioviano Antilochus. Siamo i soli a possederlo, nella galassia, è veramente un cibo rarissimo. Veramente pochi lo hanno mangiato, sottolineo, pochi».
«Molto bene,» disse Chulain, «allora quattro minestre misteriose, e un fungo "semipiaci". Ah sì, e una camelia poco condita per Sara. Deve mangiare in bianco».
Furono serviti in pochi secondi.

Ed ecco che quattro camerieri portarono sul tavolo una massiccia zuppiera d'oro.
«Signori! Vi devo spiegare brevemente qual è il modo di mangiare il fungo "semipiaci". Questo fungo è dotato di un... diciamo così, carattere un po' particolare. Egli si può presentare in tre forme. Io ora scoperchierò la zuppiera: il fungo vi apparirà di un colore bianco, neutrale. Così non ha alcun gusto. Ma se voi gli siete antipatici, ebbene, se gli siete antipatici, diventerà verde, grinzoso e molliccio, e non lo potrete mangiare, perché sarà velenoso come poche cose nell'universo. Se invece gli piacete, il fungo si accenderà di un bel colore rosso e giallo, e sarà un boccone squisito, quale forse mai avete gustato!».
«Incredibile,» disse Kook, «e cosa bisogna fare per essergli simpatici?».
«Nulla,» disse il maître, «il fungo decide di testa sua... o di cappella sua, mi si passi la bêtise. Voilà, madames e messieurs, il fungo "semipiaci"!».

Sul piatto apparve un bellissimo fungo candido e panciuto, una decina di chili almeno. Ruotò un po' sul gambo esaminando i commensali. Poi cominciò a coprirsi di sfumature arancioni, il gambo si illuminò di rosso, e in pochi istanti il fungo diventò meravigliosamente colorato.
«Complimenti, signori!» disse il maître, «Siete piaciuti al fungo. Ora, non ne dubito, sarà lui a piacere a voi!».

«Già, naturalmente, su, comincia ad assaggiare tu, Chulain».
«Sentite ragazzi, io non mi intendo di funghi, taglialo tu, Kook».
«No,» disse subito Kook, «io, ecco, mi ero dimenticato di dirlo, ma da piccolo feci una indigestione di funghi chiodini... Mei, comincia tu».
«Eh no!» disse Mei, «Mi dispiace, ma non posso accoltellare chi mi ha appena manifestato la sua simpatia».
«Devo dedurre» intervenne il maître, «che non volete mangiare il fungo?».
«No,» disse Chulain, «gli siamo simpatici, come possiamo tradire così la sua fiducia?».
«Bene, signori, non avevo dubbi,» concluse il maître, «perché, vedete, il fungo "semipiaci" ha una particolarità. Diventa verde e velenoso in presenza di persone malvagie e voraci. Diventa colorato e gustoso in presenza di persone dotate di dolcezza e sensibilità. E certamente, nessuna persona sensibile potrà mangiare un fungo che gli ha dimostrato tanta simpatia».
«E quindi?» disse Mei.
«Quindi, è per questo che il fungo "semipiaci" è un piatto così raro. Perché nessuno lo ha mai mangiato».

da S. Benni, *Terra!*, Feltrinelli

1 **Quanti sono i commensali al ristorante?**

- **A** Tre.
- **B** Quattro.
- **C** Due.
- **D** Sei.

2 **Che cosa può significare la parola francese «bêtise» (riga 38)? Deducilo dal contesto in cui è usata.**

- **A** È la traduzione francese della parola «testa».
- **B** È il nome della preparazione enogastronomica del fungo.
- **C** Significa «sciocchezza».
- **D** È il nome della posata da usare: la forchetta a dieci punte.

3 **Quale pietanza consiglia il maître ai commensali come primo piatto?**

- A Minestra misteriosa.
- B Camelia in bianco.
- C Prupus venusiano.
- D Fungo semipiaci.

4 **A quale genere letterario appartiene il testo che hai letto?**

- A Storico.
- B Horror.
- C Fantascientifico.
- D Epistolare.

5 **Basandoti sul testo, indica quali delle seguenti affermazioni sono vere e quali false.**

	Vero	Falso
a. Il prupus ha almeno un tentacolo azzurro.	☒	☐
b. Il prupus è un piatto tipico russo.	☐	☒
c. Il prupus è un incrocio tra un polipo e un granchio.	☐	☒
d. Il prupus vive su Venere.	☒	☐
e. Il prupus vive nel magma a tremila gradi.	☐	☒
f. Il prupus viene servito bollito.	☒	☐

6 **In quante forme può presentarsi il fungo «semipiaci»?**

- A Solo una.
- B Tre.
- C Dipende da quante riesce a cucinarne il ristorante che lo serve ai tavoli.
- D Dipende da chi lo ordina dal menù.

7 **A quale condizione si può gustare il prupus venusiano?**

- A Bisogna essere russi.
- B Bisogna essere molto affamati.
- C Bisogna essere amanti del pericolo.
- D Bisogna essere robusti.

8 **Collega con le frecce l'aspetto che può assumere il fungo «semipiaci» con la causa che lo provoca e con l'effetto che il fungo provoca in chi lo mangia.**

Causa

1. Il fungo prova antipatia per chi lo vorrebbe mangiare.
2. Il fungo prova simpatia per chi lo vorrebbe mangiare.
3. Il fungo è neutrale rispetto a chi lo vorrebbe mangiare.

Aspetto

a. Bianco.
b. Rosso e giallo.
c. Verde, grinzoso e molliccio.

Effetto

1. Il fungo è immangiabile perché velenosissimo.
2. Il fungo non ha alcun gusto.
3. Il fungo è squisito.

9 **Quali persone risultano essere antipatiche al fungo «semipiaci»? Rintraccia le parole usate nel testo per definirle e riscrivile. (tre parole)**

....

10 **Che tipo di persone sono Chulain, Hook e Mei?**

A Timide e timorose.
B Dolci e sensibili.
C Sanguinarie e crudeli.
D Dolci ma insensibili.

11 **Che cosa mangerà Sara?**

A Una camelia in bianco.
B Una minestra misteriosa.
C Un prupus venusiano.
D Una camelia poco condita.

12 **Chi dovrebbe assaggiare per primo il fungo «semipiaci»? Scrivi il nome del commensale.**

....

13 **Che cosa significa che Mei e gli altri commensali preferirebbero «qualche altra [...] specialità... non semovente» (righe 19-20)?**

- **A** Che tutti mangerebbero volentieri qualcosa di fresco.
- **B** Che Mei preferirebbe qualcosa di «non semovente».
- **C** Che tutti preferirebbero una specialità non dotata di possibilità di movimento autonomo.
- **D** Che tutti mangerebbero il prupus, ma non bollito.

14 **Che cosa significa che «Sara deve mangiare in bianco» (riga 25)?**

- **A** Che Sara è allergica a tutti gli alimenti colorati.
- **B** Che Sara è a dieta.
- **C** Che Sara sta per sposarsi.
- **D** Che Sara deve mangiare solo il cibo servito in piatti bianchi.

15 **Nel periodo «Devo dedurre... che non volete mangiare il fungo?» (riga 51) sono presenti due verbi servili: riscrivili.**

....

LESSICO

16 **Leggi le definizioni e trova le parole a cui si riferiscono.**

a. Confezione fatta di due fogli, uno rigido e l'altro trasparente, che racchiudono un prodotto medicinale: .... (sostantivo che inizia per B).

b. Contrastante con l'igiene e la pulizia: .... (aggettivo che inizia per S).

c. Piegare qualcosa a forma di arco: .... (verbo che inizia per C).

d. In modo freddo e distaccato: .... (avverbio che inizia per G).

17 **Forma una collocazione lessicale, ovvero ricostruisci una «frase fatta», scegliendo la parola che completa quella proposta.**

Umore...

- **A** ...bianco.
- **B** ...blu.
- **C** ...giallo.
- **D** ...nero.

RIFLESSIONE SULLA LINGUA

18 **Nella frase «Il mare era calmo», il verbo è un imperfetto:**

- A storico.
- B di consuetudine.
- C di contemporaneità.
- D descrittivo.

19 **In quali delle seguenti frasi è presente il predicato verbale?**

- A Mia nonna è un'amante della musica lirica.
- B Questo non è studiare.
- C Marco è stato interrogato sugli antichi Romani.
- D Sofia è un'infermiera.

20 **Completa le parole nel modo corretto.**

a. Questo gatto non è per niente inno...............................o come sembra.

b. La sciarpa di Francesca era piena di fran.............................. colorate.

c. Ci sono persone che non hanno pesi sulla co..............................nza.

COMPRENSIONE DELLA LETTURA

Una città operaia nell'antico Egitto

TESTO ESPOSITIVO

In un piccolo villaggio del XV secolo a.C., nella Valle dei Re, prende forma il mito di Ramses II. Oggi Deir el-Medina rappresenta uno straordinario spaccato della società egizia.

Nel XV secolo a.C. il faraone Thutmosi I stabilì che le tombe andassero nascoste: le piramidi erano troppo difficili da difendere dai profanatori, bisognava tornare a scavare sottoterra. Scelse per questo un'area sufficientemente isolata, ma i lavori previsti erano ingentissimi e c'era bisogno di manodopera: moltissime braccia e gambe pronte a tutto per lui. Si iniziò così a costruire una piccola città che doveva ospitare gli operai. Una volta fondata, per i tre secoli successivi Deir el-Medina darà un tetto e una vita a numerose famiglie: si arriverà a contarne 120 nel periodo di maggior splendore durante il regno di Ramses II. Chi viveva quindi a Deir el-Medina? Operai specializzati, tagliapietre, stuccatori, intonacatori, disegnatori, incisori, pittori, scribi e molti altri con mogli e figli al seguito. È per questo che possiamo considerare la città come una specie di Egitto in miniatura. Una rappresentazione in piccolo della società egizia al tempo di Ramses II.

Alloggio incluso. «Servitori nel luogo della verità», questo è il nome che veniva dato a coloro che lavoravano a realizzare i monumenti funebri. Il faraone offriva incentivi a coloro che decidevano di prestare la propria opera a queste imprese. Chi veniva assunto come artigiano riceveva automaticamente una casa per sé e per la propria famiglia, oltre a una capanna a ridosso del posto di lavoro e, immancabilmente, anche una tomba.

Ricevevano inoltre un piccolo appezzamento di terreno con qualche animale, un asino, una capra, una vacca o una pecora.

Orari di lavoro. Sulla base di una serie di documenti redatti dagli scribi, i quali tenevano la contabilità delle candele distribuite agli operai per illuminare gli ambienti in cui questi si muovevano, si è potuto risalire con una certa precisione agli orari di lavoro. Accanto ai giorni di vacanza per occasioni speciali, c'erano i giorni di riposo fissi. Le sessioni di lavoro erano divise in blocchi da dieci giorni; il decimo giorno era dedicato al riposo e gli operai, che fino a quel momento avevano dormito nelle capanne o in abitazioni temporanee a ridosso del cantiere, potevano tornare a casa. Le giornate erano a loro volta divise in due blocchi distinti da quattro ore l'uno, separati da una pausa. Gli orari potevano variare visto che, con i sistemi di misurazione dell'epoca, le ore estive duravano dieci minuti in più delle nostre, e al contrario quelle invernali si aggiravano intorno ai cinquanta minuti. Se facciamo quindi un rapido conto, nei mesi più caldi le ore in cui si faticava sotto il sole erano più di nove.

da A. Angela, in «Focus Storia», n. 137, marzo 2018

1 **Da quale rivista è tratto l'articolo che hai letto?**

....

2 **Che cos'è Deir el-Medina?**

A Una piccola città di operai risalente al XV secolo a.C.
B Il luogo dove sono sepolti molti faraoni.
C Una residenza del faraone Thutmosi I.
D Un villaggio di agricoltori.

3 **Quante famiglie vivevano a Deir el-Medina durante il regno di Ramses II?**

....

4 **Dove si trovano le tombe costruite dalle maestranze a Deir el-Medina?**

....

5 **Come veniva chiamato chi lavorava alla realizzazione dei monumenti funebri?**

A Servitore della verità.
B Servitore nel luogo delle sepolture.
C Servitore nel luogo della verità.
D Servitore del faraone nel suo luogo preferito.

6 **A che cosa non ha diritto chi viene assunto come artigiano?**

A Una casa per sé e la sua famiglia e un appezzamento di terreno con degli animali.
B Una cassa di candele per ogni settimana di lavoro.
C Una capanna a ridosso del posto di lavoro.
D Una tomba.

7 **Basandoti sul testo, indica quali delle seguenti affermazioni sono vere e quali false.**

	Vero	Falso
a. Gli artigiani che lavorano alla costruzione dei monumenti funebri ricevono una casa, una tomba, ma non anche un appezzamento di terreno.	☐	☐
b. Le giornate lavorative a Deir el-Medina erano divise in due blocchi distinti da quattro ore ciascuno ed era previsto un intervallo tra i due.	☐	☐
c. Le sessioni di lavoro erano divise in periodi di tempo da undici giorni, di cui l'ultimo dedicato al riposo.	☐	☐
d. Non erano previsti giorni di riposo fissi.	☐	☐
e. Di norma gli operai vivevano in capanne o abitazioni temporanee costruite a ridosso del cantiere.	☐	☐
f. Erano previsti giorni di vacanza per occasioni speciali.	☐	☐

8 **Chi teneva la contabilità delle candele distribuite agli operai?**

A Gli scribi.

B I sacerdoti.

C Il faraone.

D Il capo degli operai.

9 **Per volontà di quale faraone è sorta Deir el-Medina?**

....

10 **Quante ore si lavorava a Deir el-Medina nei mesi più caldi?**

A Meno di 9 ore.

B Da 7 a 9 ore.

C Non più di 9 ore.

D Più di 9 ore.

11 **Perché è sorta Deir el-Medina?**

A Perché ci fosse molta manodopera che lavorasse alacremente alla costruzione delle sepolture dei faraoni.

B Perché, essendo più comodo per gli operai raggiungere il luogo di lavoro, essi fossero più felici.

C Perché il faraone potesse in qualunque momento controllare gli operai.

D Perché operai, scribi, incisori e pittori potessero vivere tutti insieme mentre lavoravano alla costruzione delle tombe.

12 **Come si è potuto risalire all'orario di lavoro degli operai a Deir el-Medina?**

A Dai documenti redatti dai faraoni.

B Dal numero delle candele ritrovate.

C Dai documenti redatti dagli scribi.

D Dai documenti redatti dagli operai.

13 **Qual è lo scopo dell'articolo che hai letto?**

A Spiegare come si viveva nell'antico Egitto.

B Spiegare perché il sito archeologico di Deir el-Medina è importante per gli archeologi.

C Spiegare come vivevano operai e artigiani al tempo del faraone Thutmosi I.

D Spiegare perché Thutmosi I decise di nascondere le tombe dei faraoni.

14 **Perché Thutmosi I decise che le tombe dei faraoni andavano scavate?**

A Perché per gli operai sarebbe stato più facile costruirle.

B Perché le piramidi erano troppo spesso profanate.

C Perché il faraone vuole essere ricordato per aver fatto costruire qualcosa di nuovo.

D Perché la mummia del faraone si sarebbe conservata meglio sottoterra.

15 **Quanti minuti duravano mediamente le ore estive a Deir el-Medina all'epoca di Ramses II?**

....

LESSICO

16 **Osserva la tabella e indica in quale modo è stata usata la parola sottolineata.**

	Uso specialistico/ tecnico	Uso metaforico/ figurato	Uso comune
a. Il mattino ha l'oro in <u>bocca</u>.	☐	☐	☐
b. La <u>bocca</u> o cavo orale (lat. *cavum oris*) è l'orifizio attraverso cui gli animali si cibano.	☐	☐	☐
c. I bambini piccoli portano ogni cosa alla <u>bocca</u>.	☐	☐	☐

17 **Forma una collocazione lessicale, ovvero ricostruisci una «frase fatta», scegliendo la parola che completa quella proposta.**

Contrarre...

- A ...un regalo.
- B ...un'infezione.
- C ...una lite.
- D ...una discussione.

RIFLESSIONE SULLA LINGUA

18 **In quali delle seguenti parole il prefisso «anti» significa «prima» o «contro»?**

antiatomico, antibagno, antibiotico, anticamente, antidiluviano, antilope, antiquariato

Anti = prima: ....

Anti = contro: ....

19 **Nella frase «Questa poesia è di ispirazione <u>dantesca</u>», l'aggettivo sottolineato di che tipo è?**

- A Primitivo.
- B Alterato.
- C Composto.
- D Derivato.

20 **Leggi questa frase: «La frutta che hai raccolto in quella <u>cassettina</u> è davvero <u>asprissima</u>. Ora berrei <u>caraffe</u> d'acqua!». Se non conoscessi il significato delle parole sottolineate, quali voci dovresti cercare nel dizionario?**

a. Cassettina: ....

b. Asprissima: ....

c. Caraffe: ....

COMPRENSIONE DELLA LETTURA

Bye-bye, camerino!

TESTO MISTO

SHOPPING VIRTUALE Vetrine, manichini e salottini di prova cedono il passo a tour negli e-store, capi da provare in realtà aumentata, chat con assistenti personali. No, fare compere non è più come una volta. Ma resterà un'esperienza divertente. Seguici e scoprirai perché.

Hai presente i camerini? Bene. È possibile che diventino un reperto storico della moda, come le stecche di balena[1] o i mutandoni alle ginocchia. Sì, perché se c'è una cosa che il virus ci ha insegnato è che l'e-commerce è una gran bella invenzione. Spinte dalla necessità del lockdown si sono convertite persino le meno smanettone, che hanno imparato a tracciare il pacco e ad accordarsi su orari e punti di consegna come veri corrieri.

«La pandemia» spiega Eugenio Gallavotti, docente di Moda e comunicazione all'Università IULM «ha semplicemente dato un'accelerata a un processo già in atto in tempi pre-virus: quell'irresistibile rivoluzione copernicana nella relazione tra cliente e punto vendita, che sta trasformando il pc di casa (o il cellulare che teniamo in tasca) nel camerino del negozio virtuale più rifornito e smart».

PAROLE NUOVE PER ORIENTARSI

1. CROSS-SELLING
Il sistema con il quale, quando acquisti un capo, ti vengono proposti pezzi e accessori complementari, suggerendo un look totale, dalla testa ai piedi.

2. LIVE STREAM
In diretta con il negozio, le clienti connesse alla piattaforma chattano con le venditrici per avere, in tempo reale, consigli e dettagli sugli acquisti.

3. MARKETPLACE
Piattaforme di vendita che ospitano diversi produttori. Tra i più cliccati per l'abbigliamento, in Italia, ci sono Zalando, ASOS, Amazon, YOOX, eBay e Alibaba.

4. OMNICHANNEL
Strategia di vendita che utilizza canali diversi (online e in negozio) per rendere gli acquisti più semplici e piacevoli.

5. REALTÀ AUMENTATA
Permette, con lo smartphone, di misurarti, scansionare una tua foto e provare virtualmente abiti e scarpe.

6. SITI AGGREGATORI
Raccolgono brand diversi in base a criteri come saldi o offerte speciali. In Italia il sito aggregatore più noto è Stileo.

7. SHOWROOMING
La pratica di chi va in negozio, misura la taglia del capo e poi lo compra online (tecnica detestata dai negozianti in carne e ossa!).

8. WEBROOMING
Contrario dello showrooming: prima si visita un negozio virtuale per studiare i prodotti, poi li si acquista in un negozio fisico.

9. WISHLIST
Se un prodotto ti piace ma non sei ancora convinta, puoi aggiungerlo alla tua wishlist, la lista dei desideri. Non lo perderai di vista e potrai decidere se e quando comprarlo.

[1] *Stecche di balena*: lamine presenti nella bocca di alcune balene al posto dei denti che, in passato, erano usate per irrigidire i busti degli abiti femminili.

I «clic» hanno fatto boom

Ma vediamo qualche numero. Secondo l'ultimo Netcomm Forum Live (fiera del commercio digitale), i consumatori italiani online sono triplicati, passando da 700 mila (dati gennaio-maggio 2019) a 2 milioni (stessa forbice temporale nel 2020).
L'e-commerce ha registrato un boom durante la pandemia che, secondo gli esperti, a fine anno segnerà una crescita mondiale del +55%. Il settore della moda, all'inizio, si è trovato spiazzato: sfilate sospese o in versione online, trasporti bloccati e negozi chiusi hanno fatto gelare il sangue agli addetti ai lavori (e alle fashioniste). Ma il tasto «shop» che compare nei menù a tendina di ogni sito si è rivelato la salvezza.
«Per fare qualche esempio,» continua Gallavotti «il colosso francese Kering (di cui fanno parte nomi come Gucci, Saint Laurent e Alexander McQueen) ha registrato sì una flessione di vendita nei negozi che ha raggiunto il -30%, ma ha avuto un aumento delle vendite online del 47%». Non solo: il marchio Moncler ha interrotto la collaborazione con il marketplace YOOX e ha deciso che, dall'anno prossimo, farà da sé. Segno che le potenzialità dell'e-commerce sono tutte da sfruttare senza bisogno di ricorrere a siti intermediari.

Gli spazi si trasformano

Ma come sarà lo shopping che ci aspetta? «Mi sembra che i brand più attrezzati si stiano muovendo nella medesima direzione, cioè non penalizzare i loro negozi ma trasformarli in altro rispetto al passato» dice l'esperto Gallavotti. «Il punto vendita diventa un hub, magazzino e centro di smistamento dove il cliente può andare a ritirare il capo acquistato via web». Sembra questa la strada intrapresa da colossi come Zara (nonostante la chiusura di ben 1200 dei suoi punti vendita) o Yamamay.
Il gruppo Miroglio, invece, punta su una strategia omnichannel per i suoi marchi Motivi ed Elena Mirò: con il servizio Go Instore, le clienti possono collegarsi al sito e farsi consigliare dal personale addetto come se fossero in negozio. La modalità Shopping Smart Box prevede anche l'invio a casa di una selezione di capi per prova e, eventualmente, acquisto.
Molto interessante anche servizio StyleSnap offerto da Amazon. Come spiega Tommaso Debenedetti, responsabile di settore di Amazon Italia: «Suggeriamo a chi cerca un capo di fotografarlo, inserirlo nel motore di ricerca che mettiamo a disposizione e selezionare tra un'ampia gamma di prodotti simili».
Acquistare virtualmente aiuta a scegliere meglio anche in termini di sostenibilità. Spiegano a Zalando: «Online è più semplice localizzare i brand attenti all'ambiente. La prova del nove? Durante il lockdown oltre il 30% dei clienti si è indirizzato sui capi di abbigliamento più eco-virtuosi della nostra offerta».
Altra possibilità affinata dal distanziamento è fare un tour virtuale del negozio, magari in realtà aumentata. È questa la soluzione coinvolgente scelta da grandi maison come Ferragamo, Prada e Valentino. Cliccare per credere.

La rapidità fa la differenza

I problemi nodali dello shopping online? La consegna e i resi. Per quanto riguarda la prima, molte case si stanno organizzando affinché sia non solo veloce ma anche gratuita. La novità più attesa è senz'altro la consegna con i droni: rapidissima, è la nuova promessa di Amazon, che tra poco inizierà la sperimentazione in USA per pacchi sotto i 2,3 kg. Per quanto riguarda i resi, il nostro Paese è al quarto posto in Europa: il 43% dei clienti online restituisce almeno un prodotto, con abbigliamento e accessori al primo posto (con l'11%). I motivi? Nell'80% dei casi si tratta di taglie errate. In questo caso non è solo fondamentale leggere bene e verificare, metro alla mano, le misure ma anche scorrere le recensioni di chi ha acquistato prima di te e che spesso danno utili info su vestibilità e materiali.

Le tradizioni si aggiornano

È una domanda che tutti oggi si pongono: se, cioè, l'impennata dello shopping online si confermerà anche in futuro o se, nei prossimi mesi, torneremo gradualmente a modalità d'acquisto più tradizionali. Secondo una recentissima indagine svolta da Ipsos Strategy3 non ci sono dubbi: il 37% degli italiani ha intenzione di acquistare online addirittura di più nei prossimi 6/12 mesi e l'aumento degli acquisti di vestiti e accessori è previsto intorno al 44%. Ma se preferisci ancora l'esperienza fisica, con camerino & Co, puoi provare la nuova app ShoppinTime: la scarichi, cerchi il tuo negozio e fissi un appuntamento per essere accolta a braccia aperte. Ma a distanza di sicurezza e senza assembramenti.

adatt. da C. Ghirardato, in «Donna Moderna», 17 settembre 2020, n. 40, Mondadori

1 **Che cosa significa che siamo in presenza di una «rivoluzione copernicana nella relazione tra cliente e punto vendita» (righe 12-13)?**

- **A** Significa che il rapporto tra cliente e negozio è in una fase di stasi per cui non ci saranno cambiamenti in futuro rispetto a oggi.
- **B** Significa che il rapporto tra cliente e negozio è in una fase di cambiamento epocale.
- **C** Significa che il rapporto tra cliente e negozio è in una fase di cambiamento lento e inesorabile ma reversibile.
- **D** Significa che il rapporto tra cliente e negozio è in una fase di cambiamento veloce e non più controllabile.

2 **Quale pratica può essere considerata opposta allo showrooming?**

- **A** Il cross-selling.
- **B** Il marketplace.
- **C** L'omnichannel.
- **D** Il webrooming.

3 **Dove insegna il professor Gallavotti?**

A All'Ipsos Strategy3.

B Alla IULM.

C Alla YOOX.

D A Miroglio.

4 **Quali sono i problemi principali dello shopping online? (tre parole)**

....

5 **Quale effetto ha avuto la pandemia sul settore della moda?**

A Le case di moda si sono alleate per fare fronte alla crisi.

B I brand della moda hanno sviluppato app per prenotare la presenza alle sfilate.

C Le sfilate sono state sospese.

D Le sfilate sono state fatte solo in alcuni Paesi.

6 **Quale necessità ha fatto in modo che i negozi di brand come Zara e Yamamay diventassero hub per i clienti?**

A Quella di trasformare i propri punti vendita per non penalizzarli durante la pandemia.

B Quella di trasformare i propri punti vendita per aumentarne la visibilità durante la pandemia.

C Quella di non penalizzare i propri punti vendita e aumentarne la visibilità durante la pandemia.

D Quella di dover chiudere i propri punti vendita durante la pandemia.

7 **In che cosa consiste il live stream?**

A Si tratta di una modalità di recesso dall'acquisto: i/le clienti sono in chat con gli/le addetti/e alle vendite che ascoltano le problematiche riscontrate nel prodotto acquistato e spiegano loro come avere il rimborso in tempo reale.

B Si tratta di una modalità di acquisto da remoto: i/le clienti sono in chat con gli/le addetti/e alle vendite che li/le consigliano in tempo reale.

C Si tratta di una modalità di acquisto da remoto: i/le clienti sono consigliati/e dagli/dalle addetti/e alle vendite che propongono loro un look totale.

D Si tratta di una modalità di acquisto esclusivamente online: i/le clienti sono in chat con gli/le addetti/e alle vendite che li/le aiutano a trovare le taglie degli abiti ed eventualmente effettuare il reso.

8 **Quale termine indica la strategia di vendita multicanale?**

A Cross-selling.

B Marketplace.

C Omnichannel.

D Siti aggregatori.

9 **Qual è lo scopo del testo che hai letto?**

A Spiegare una serie di termini tecnici che interessano il settore delle vendite nel campo della moda dopo la pandemia.

B Spiegare come la pandemia ha trasformato in modo irreversibile il settore delle vendite nel campo della moda.

C Informare in merito alle trasformazioni del settore della produzione nel campo della moda.

D Informare in merito ad alcune trasformazioni del settore delle vendite nel campo della moda legate alla pandemia.

10 **Il testo che hai appena letto è:**

A un saggio inserito in una pubblicazione scientifica.

B un articolo presente, tra gli altri, in un giornale di attualità.

C un articolo presente in una rivista per addetti al settore della moda.

D un articolo di approfondimento inserito in una pubblicazione periodica di studi storici.

11 **Che cosa renderà i camerini obsoleti? (due parole)**

....

12 **Cosa potrà velocizzare consegne e resi? (due parole)**

....

13 **Quali accorgimenti vanno ricordati, da parte del cliente, per limitare gli errori negli acquisti online?**

A Misurare il prodotto con il metro; leggere attentamente le etichette presenti sul prodotto stesso e chiedere a chi già lo ha acquistato in negozio.

B Verificare le misure del prodotto con il metro; leggere attentamente le indicazioni sul prodotto; leggere le recensioni degli altri acquirenti.

C Verificare le dimensioni del prodotto con metro e bilancia; leggere attentamente le indicazioni sul sito del venditore; leggere le recensioni degli altri acquirenti.

D Verificare le misure del prodotto leggendo le recensioni degli altri acquirenti; leggere le indicazioni sul prodotto presenti nel sito.

14 **Acquistare online aiuta a fare scelte ecosostenibili rispetto ai prodotti?**

A Secondo Zalando sì: le vendite di prodotti più eco-virtuosi sono aumentate presso i clienti dell'azienda.

B Secondo Debenedetti sì: acquistare online significa avere meno merci nei negozi al dettaglio dove devono arrivare più mezzi di trasporto, con conseguente aumento dell'inquinamento ambientale.

C Secondo Kering sì: le vendite di prodotti online sono aumentate sensibilmente e lo smog è diminuito, non solo nelle grandi città.

D Secondo Miroglio no: le vendite di prodotti più eco-virtuosi non sono aumentate presso i clienti dell'azienda perché sono più costosi di altri.

15 **Quale elemento dei menù a tendina dei siti è stato importantissimo per il settore del commercio durante il lockdown? (tre parole)**

....

LESSICO

16 **Individua la parola mancante in ciascuna frase sapendo che è la stessa per tutte e tre, ma usata con significato diverso.**

a. Quell'azienda è a ************* di fallimento perché troppo esposta con le banche.

b. Gli incursori intervennero solo dopo aver calcolato il *************** di non coinvolgere gli ostaggi nella sparatoria.

c. Non correrò questo ************* per te!

Parola mancante: ....

17 **Osserva la tabella e indica in quale modo è stata usata la parola sottolineata.**

	Registro basso	Registro standard	Registro elevato
a. Edipo spiegò l'enigma della Sfinge e la sconfisse.	☐	☐	☐
b. Il detective arrivò a risolvere il mistero dopo una lunga indagine.	☐	☐	☐
c. Che cos'è questa storia? Parla chiaro! Senza indovinelli!	☐	☐	☐

RIFLESSIONE SULLA LINGUA

18 **Nel periodo «Vorrei sapere che ore sono», la frase sottolineata è una proposizione:**

A coordinata copulativa.
B subordinata interrogativa indiretta.
C subordinata oggettiva.
D subordinata temporale.

19 **Un'espressione come «a furia di» è detta polirematica perché le parole che in essa compaiono assumono un significato unitario. Indica in quale delle seguenti frasi ne è presente una.**

A Se vuoi la luce qui, devi accendere una candela.
B Senza un'accurata indagine non si riuscirà a fare luce sul caso.
C La società AcLux è il nuovo gestore nazionale del servizio di acqua e luce.
D In ventiquattro ore si alternano luce e buio.

20 **Leggi questa frase: «Sentiva un dolorino al braccio, così consultò diversi chirurghi per farsi urgentissimamente operare: era davvero esagerato!». Se non conoscessi il significato delle parole sottolineate, quali voci dovresti cercare nel dizionario?**

a. Dolorino: ....

b. Chirurghi: ....

c. Urgentissimamente: ....

COMPRENSIONE DELLA LETTURA

Maschi e femmine si diventa

TESTO ARGOMENTATIVO

Di che colore è il tuo fiocco?

Vi siete mai chiesti perché è così importante sapere, quando nasce un bambino, se è un maschio o una femmina o perché sui portoni o sui cancelli delle case vengono appesi bei fiocconi rosa o azzurri per indicare con precisione l'appartenenza ad uno o all'altro sesso?

Si sa che il sesso del nascituro è determinato dai cromosomi di mamma e papà ed è quindi un dato genetico, ma il modo di essere maschio o di essere femmina è sempre uguale o cambia nel corso della storia e da una civiltà ad un'altra? Nei suoi studi sul campo l'antropologa Margaret Mead, per esempio, ha conosciuto e studiato popolazioni in cui il maschio era dolce e accudiva i figli e altre in cui la donna aveva potere ed era molto attiva. Nella nostra società invece storicamente la donna è considerata più dolce e remissiva e l'uomo più attivo e deciso. Questo «modo» di essere maschio o femmina è un dato sociale ed è il modo in cui in una comunità vengono percepiti e intesi i due sessi.

Anche se è difficile capire quanto il dato genetico e quanto quello sociale determini la differenza tra i due sessi, quello che si può dire è che, all'interno di ogni società, esistono degli stereotipi sessuali, a cui in genere tutti si conformano; ciò significa che in ogni società si ha un'idea precisa, anche se non sempre consapevole, di che cosa sia un maschio e che cosa sia una femmina e chi non vi si adegua o viene giudicato male o viene giudicato «diverso».

Che cosa fa la mamma, che cosa fa il papà?

La giornalista Elena Gianini Belotti già negli anni '70 nel libro *Dalla parte delle bambine* sosteneva che non esistono qualità femminili o maschili esclusive, ma qualità umane che appartengono a maschi e femmine in ugual misura. Nessuno insegna come essere padri o madri e di solito, quando si diventa genitori, si riproduce con i figli il rapporto e il tipo di educazione ricevuta nella propria famiglia d'origine. Sono gli stessi genitori che modellano la personalità dei lori figli. Il bambino assimila nel proprio nucleo familiare di origine, per imitazione e tramite l'identificazione con il genitore del proprio sesso, dei modelli di comportamento ritenuti più adeguati per il proprio sesso e quando sarà a sua volta genitore li riproporrà da adulto.

La famiglia «tipo» degli anni '50 riteneva necessaria per un suo buon funzionamento una rigida distinzione dei ruoli tra i due genitori: da un parte alla donna spettava il ruolo di moglie e di madre, dall'altra all'uomo spettava di essere bravo nel lavoro e di sostenere la famiglia. Oggi la famiglia è cambiata e gli uomini e le donne hanno un rapporto democratico tra loro e con i propri figli. La donna studia e, quasi sempre, lavora, l'uomo collabora in casa, ma le consuetudini, la tradizione, e le convenzioni sociali cambiano molto lentamente e l'arrivo di un figlio spesso riproduce gli antichi ruoli.

Una ricerca sugli stereotipi sessisti negli albi

Nel 2003 l'Assessorato al Sistema Educativo e alle Politiche di Pari Opportunità del Comune di Torino ha promosso un'indagine sugli albi, ovvero sui libri e i materiali didattici in uso nelle scuole dell'Infanzia e Primarie, per guidare al riconoscimento degli stereotipi sessisti in essi contenuti. L'indagine è stata pubblicata nella *Guida alla decifrazione degli stereotipi sessisti negli albi.*

L'immagine che segue è ricavata da questa ricerca e conferma la forza e la permanenza degli stereotipi sessisti. Secondo 153 bambini su 204, di età compresa tra i sette e i dieci anni, l'orso con il grembiule è una femmina perché «i maschi non mettono il grembiule», invece quello che legge il giornale è un maschio, perché «la mamma non ha mai il tempo di leggere. Deve fare i lavori...».

La ricerca di cui ti abbiamo mostrato alcuni dati è un buon esempio di come si possano concretamente interpretare le «politiche per le pari opportunità». Infatti è importante non solo che il ruolo delle donne sia tutelato dalla legge, ma anche che iniziative specifiche ne combattano la discriminazione all'interno della famiglia, della scuola, del lavoro e della società nel suo complesso.

a cura di D. Lippera, *Lettori senza frontiere*, vol. 3, Gruppo Editoriale Raffaello, Monte San Vito

1 **Che cosa sono le «politiche per le pari opportunità» (riga 49)?**

- **A** Sono iniziative politiche e leggi volte alla discriminazione sociale tra uomini e donne.
- **B** Sono iniziative politiche e leggi volte alla promozione della parità tra uomini e donne in ogni campo: sociale, familiare, civile e lavorativo.
- **C** Sono iniziative politiche e leggi volte alla tutela, in campo sociale e lavorativo, delle donne a danno degli uomini.
- **D** Sono iniziative politiche e leggi deputate al mantenimento delle divisioni di ruoli tra uomini e donne in campo sociale e lavorativo.

2 **Da che cosa è determinato il sesso di un bambino che sta per nascere?**

A Dalle cellule staminali.
B Dai cromosomi.
C Dalle cellule somatiche.
D Dalle cromotipie.

3 **Chi ha scritto il libro *Dalla parte delle bambine*?**

....

4 **Come viene considerato storicamente l'uomo nella nostra società?**

A Attivo e deciso.
B Dolce e remissivo.
C Cattivo e deciso.
D Aggressivo e indeciso.

5 **Com'era la famiglia tipo degli anni '50?**

A Prevedeva la costante presenza in casa del padre.
B Prevedeva una rigida distinzione tra genitori e nonni.
C Prevedeva che la donna lavorasse fuori casa.
D Prevedeva una rigida distinzione dei ruoli tra i due genitori.

6 **Basandoti sul testo, indica quali delle seguenti affermazioni sulla famiglia di oggi sono vere e quali false.**

	Vero	Falso
a. Nella famiglia di oggi c'è un rapporto democratico tra uomini e donne tra loro e con i propri figli.	☐	☐
b. Nella famiglia di oggi la donna resta in casa ad accudire i figli.	☐	☐
c. Nella famiglia di oggi l'uomo collabora in casa.	☐	☐
d. Nella famiglia di oggi l'uomo deve preoccuparsi solo di essere bravo nel lavoro.	☐	☐

7 **Chi è Margaret Mead?**

A Un'archeologa.

B Un'antropologa.

C Un'astrologa.

D Un'antropomorfa.

8 **Che cos'è uno stereotipo?**

A È un'idea precisa e generalizzata, sempre consapevole, riguardo a qualche argomento, rispetto alla quale in genere tutti si conformano.

B È un'idea generale e non sempre consapevole riguardo a qualche argomento, rispetto alla quale in genere tutti si conformano.

C È un'idea precisa, anche se non sempre consapevole, riguardo a qualche argomento, rispetto alla quale in genere poche persone si conformano.

D È un'idea precisa, anche se non sempre consapevole, risultato di una generalizzazione riguardo a qualche argomento, rispetto alla quale in genere tutti si conformano.

9 **Che cosa ha promosso nel 2003 l'Assessorato al Sistema Educativo e alle Politiche di Pari Opportunità del Comune di Torino?**

A Un'indagine sui quaderni delle scuole dell'Infanzia e Primarie.

B Un'indagine sui disegni dei bambini delle scuole dell'Infanzia e Primarie.

C Un'indagine sugli albi delle scuole dell'Infanzia e Primarie.

D Un'indagine sui manuali delle scuole Primarie.

10 **Che cosa sostiene l'autrice del libro *Dalla parte delle bambine*? Basandoti sul testo, indica quali delle seguenti affermazioni sono vere e quali false.**

	Vero	Falso
a. I genitori non ripropongono ai figli il modello di educazione che loro stessi hanno ricevuto.	☐	☐
b. Non esistono qualità femminili o maschili esclusive.	☐	☐
c. Il bambino assimila, per imitazione e identificazione, i modelli di comportamento ritenuti più adeguati al proprio sesso.	☐	☐
d. Ci sono scuole che le persone possono frequentare per imparare ad essere genitori.	☐	☐

11 **Secondo quanti bambini, di età compresa tra 7 e 10 anni, l'orso con il giornale del disegno non è un maschio?**

....

12 **Qual è la tesi sostenuta nel brano che hai letto?**

- **A** Le differenze tra maschi e femmine sono un dato genetico.
- **B** In ogni società esistono degli stereotipi sessuali.
- **C** I genitori modellano la personalità dei propri figli.
- **D** Il ruolo delle donne nella società deve essere tutelato dalla legge.

13 **La parola «fiocconi» (riga 4) è un sostantivo:**

- **A** derivato.
- **B** alterato.
- **C** singolare.
- **D** maschile.

14 **Nella famiglia di oggi «gli uomini e le donne hanno un rapporto democratico tra loro» (righe 33-34). Che cosa provoca spesso l'arrivo di un figlio?**

- **A** Il rapporto tra i genitori si consolida.
- **B** Il rapporto tra i genitori tende a tornare «tradizionale».
- **C** Lo stesso rapporto che c'è tra i genitori si ripropone con i figli.
- **D** Il rapporto figli-genitori cambia a seconda che essi siano maschi o femmine.

15 **Come viene interpretata l'immagine presente nel testo, secondo lo stereotipo sessista?**

- **A** L'orso con il grembiule è sicuramente la mamma.
- **B** L'orso con il grembiule è sicuramente il papà.
- **C** Non si può stabilire con certezza se l'orso con il grembiule sia la mamma.
- **D** Non si può stabilire con certezza se l'orso senza il grembiule sia il papà.

LESSICO

16 **Leggi le definizioni e trova le parole a cui si riferiscono.**

a. Cosa inaspettata: ....(sostantivo che inizia per S).

b. Sconveniente, riprovevole in quanto contrario all'educazione comune: .... (aggettivo che inizia per D).

c. Scegliere tra varie possibilità: .... (verbo che inizia per O).

d. In grande misura, usato anche per formare il superlativo assoluto di aggettivi o avverbi: .... (avverbio che inizia per M).

17 **Osserva la tabella e indica in quale modo è stata usata la parola sottolineata.**

	Uso specialistico/ tecnico	Uso metaforico/ figurato	Uso comune
a. Forse l'orologio non funziona perché si è rotta una <u>molla</u>.	☐	☐	☐
b. Giorgio era carico come una <u>molla</u> per la partita da giocare.	☐	☐	☐
c. Il dinamometro è uno strumento di misura costituito da una <u>molla</u> e da una scala graduata parallela al vettore forza da misurare.	☐	☐	☐

RIFLESSIONE SULLA LINGUA

18 **Nella frase «Avrete certamente sonno a quest'ora», il verbo indica:**

- **A** un dubbio.
- **B** una supposizione.
- **C** un'azione futura.
- **D** una concessione.

19 **In quali delle seguenti parole «bis» è un prefisso?**

a. bisogno **c.** bisdrucciolo **e.** bisnonno
b. bisonte **d.** bisturi **f.** bisbetico

«Bis» è prefisso: ....

20 **In quali delle seguenti frasi è presente contemporaneamente un attributo e un complemento oggetto?**

- **A** Ho invitato degli amici simpatici alla festa di domani.
- **B** Perché non chiedi a Giovanni la bici in prestito?
- **C** Il gatto, salito sull'albero, non riusciva a scendere.
- **D** Lucia ha curato il cane della sorella fino a ieri.

COMPRENSIONE DELLA LETTURA

Il poeta si diverte

TESTO POETICO

Tri tri tri,
fru fru fru,
uhi uhi uhi,
ihu ihu ihu.

Il poeta si diverte,
pazzamente,
smisuratamente!
Non lo state a insolentire,
lasciatelo divertire
poveretto,
queste piccole corbellerie
sono il suo diletto.

Cucù, rurù,
rurù cucù,
cuccuccurucù!

Cosa sono queste indecenze?
Queste strofe bisbetiche?
Licenze, licenze,
licenze poetiche.
Sono la mia passione.

Farafarafarafa,
Tarataratarata,
Paraparaparapa,
Laralaralarala!

Sapete cosa sono?
Sono robe avanzate,
non sono grullerie,
sono la spazzatura
delle altre poesie.

Bubububu,
fufufufu,
Friù!
Friù!

Ma se d'un qualunque nesso
son prive,
perché le scrive
quel fesso?

Bilobilobilobilobilo
blum!
Filofilofilofilofilo
flum!
Bilolù. Filolù.
U.

Non è vero che non voglion dire,
vogliono dire qualcosa.
Voglion dire...
come quando uno si mette a cantare
senza saper le parole.
Una cosa molto volgare.
Ebbene, così mi piace di fare.

Aaaaa!
Eeeee!
Iiiii!
Ooooo!
Uuuuu!
A! E! I! O! U!

Ma giovinotto,
diteci un poco una cosa,
non è la vostra una posa,
di voler con così poco
tenere alimentato
un sì gran foco?

Huisc... Huiusc...
Huisciu... sciu sciu,
Sciukoku... Koku koku,
Sciu
ko
ku.

Ma come si deve fare a capire?
Avete delle belle pretese,
sembra ormai che scriviate in giapponese.

Abì, alì, alarì.
Ririririri!
Ri.

Lasciate pure che si sbizzarrisca,
anzi, è bene che non lo finisca,
il divertimento gli costerà caro:
gli daranno del somaro.

Labala
falala
falala
eppoi lala.
Lalala, lalala.

Certo è un azzardo un po' forte
scrivere delle cose così,
che ci son professori, oggidì,
a tutte le porte.

Ahahahahahahah!
Ahahahahahahah!
Ahahahahahahah!

Infine,
io ho pienamente ragione,
i tempi sono molto cambiati,
gli uomini non dimandano
più nulla dai poeti,
e lasciatemi divertire!

da A. Palazzeschi, *E lasciatemi divertire*, in *L'incendiario*, Mondadori

1 **Nella poesia che hai letto, sono presenti strofe:**

A sempre composte di tre, quattro e otto versi.
B i cui versi sono legati da rime alternate.
C interamente onomatopeiche.
D i cui versi sono tutti endecasillabi e novenari.

2 **La poesia ha la struttura di un dialogo tra il poeta e chi?**

A Qualcuno che giudica provocatorio questo modo di scrivere le poesie e lo critica.
B Qualcuno che non comprende il suo modo di scrivere le poesie.
C Qualcuno che apprezza il suo modo di scrivere le poesie, lo trova divertente.
D Qualcuno che, pur criticando questo modo di scrivere le poesie, lo giudica comunque innovativo e lo apprezza.

3 **In un verso preciso, uno degli interlocutori del poeta si rivolge direttamente a lui apostrofandolo. Puoi indicarne il numero?**

....

4 **Quale funzione ha la poesia secondo l'autore?**

A Insegnare ai lettori come comportarsi.
B Insegnare agli altri poeti come comporre versi moderni.
C Puro divertimento.
D Intrattenere altri poeti.

5 **Come è definito il poeta nei versi che hai letto?**

A Poveretto ma insolente.
B Giovinetto e bisbetico.
C Somaro e insolente.
D Poveretto e fesso.

6 **Quale figura retorica è presente nei versi 18-19: «Licenze, licenze, licenze poetiche»?**

A Anafora.
B Metafora.
C Onomatopea.
D Allitterazione.

7 **Secondo l'autore, la poesia è ancora utile all'uomo?**

A Sì, è sempre un piacere leggere poesie.

B Sì, eleva l'animo del lettore e del poeta.

C No, non vengono più poste domande ai poeti ed essi non hanno quindi risposte da dare.

D No, leggere poesie scritte da altri è noioso oggi come lo è sempre stato.

8 **Come sono definite le strofe scritte dal poeta?**

A Corbellerie.

B Bisbetiche.

C Poetiche.

D Grullerie.

9 **Secondo uno degli interlocutori del poeta, è diventato così difficile comprendere i suoi versi che sembra che egli scriva in un'altra lingua. Quale?**

....

10 **Che cosa rischia il poeta se continua a scrivere poesie come questa?**

A Nessuno leggerà più quello che scrive perché incomprensibile.

B Sarà giudicato dai lettori un poeta giocherellone e superficiale.

C I lettori diranno che il poeta è un somaro.

D Il poeta avrà grande successo.

11 **La poesia che hai letto è strutturata in strofe i cui versi sono:**

A sparsi.

B liberi.

C misti.

D legati da rime ed enjambement.

12 **Quale può essere la parola chiave della poesia che hai letto?**

A «Insolentire» (v. 8).

B «Divertire» (v. 9).

C «Cantare» (v. 47).

D «Si sbizzarrisca» (v. 75).

13 **Rileggi i versi dal 13 al 15: c'è una allitterazione. Di quale vocale?**

....

14 **Quale caratteristica hanno le poesie di questo autore secondo uno dei suoi interlocutori?**

A Sono senza legami con la realtà.

B Sono senza rime.

C Sono senza nessi.

D Sono senza utilità.

15 **Che cosa indica l'espressione «gran foco» al verso 62?**

A L'arte della poesia.

B Un grande fuoco.

C L'arte dello scrivere in italiano corretto.

D Un grande sentimento.

LESSICO

16 **Forma una collocazione lessicale, ovvero ricostruisci una «frase fatta», scegliendo la parola che completa quella proposta.**

Sgominare...

A ...una banca.

B ...una banda.

C ...un'orchestra.

D ...un campo minato.

17 **Nella frase seguente è presente un errore: la parola sottolineata somiglia a quella giusta ma non lo è. Scrivi tu quella corretta e appropriata al contesto della frase stessa.**

La ragazza era <u>matita</u> di sudore per la lunga corsa. ....

RIFLESSIONE SULLA LINGUA

18 **Indica in quali delle seguenti parole il prefisso «post» significa «dopo».**

a. postbellico **c.** postilla **e.** poster **g.** posteggio

b. postale **d.** postdatato **f.** postulato

....

19 **Un'espressione come «di punto in bianco» è detta polirematica perché le parole che in essa compaiono assumono un significato unitario. Indica in quale delle seguenti frasi ne è presente una.**

A Nella sua vita ha conosciuto molti alti e bassi.

B Il cruciverba ha definizioni orizzontali e verticali.

C Il *pied de poule* è una fantasia optical a scacchi bianchi e neri.

D Questo telo è troppo lungo: ci sarebbe servito più largo.

20 **Nella frase «Non ho nessuna voglia di ascoltarti», che tipo di aggettivo compare?**

A Indefinito.

B Dimostrativo.

C Qualificativo.

D Negativo.

COMPRENSIONE DELLA LETTURA

Un manifesto per educare alla pace TESTO REGOLATIVO

In questo laboratorio ti proponiamo di realizzare insieme ai tuoi compagni un manifesto che promuova l'educazione alla pace. Potrete divulgarlo a scuola, nella vostra città, oppure spedirlo al Ministro dell'Istruzione, per promuovere l'educazione alla pace nelle scuole e sensibilizzare i giovani e tutti i cittadini al rispetto e al dialogo tra le persone.

Step 1 - Raccogli dati e informazioni

Un manifesto che voglia promuovere il rispetto degli altri, la pace e il dialogo tra le persone deve contenere dati e informazioni attendibili: dire soltanto che dobbiamo essere a favore della pace non sarà sufficiente per convincere i compagni di Istituto o il Ministro. Per raccogliere informazioni e prendere spunti per il tuo manifesto, puoi affidarti a internet, per esempio collegandoti al sito Human right watch, www.hrw.org, oppure al sito di Emergency, www.emergency.it.

Step 2 - Organizza i materiali raccolti

Dopo aver letto gli articoli, prendi nota delle informazioni più importanti: questa procedura ti aiuterà a individuare le parole che ritieni più significative e appropriate al tema. Ricordati di inserire anche immagini e simboli che evochino la pace e il dialogo, che ti saranno utili per completare il manifesto insieme ai tuoi compagni.

Step 3 - Elabora le tue proposte

Ora puoi cominciare a elaborare delle proposte: per esempio, per rendere più efficace il tuo messaggio, potresti inserire alcune frasi sulla pace e il dialogo tra i popoli pronunciate da persone importanti.

Per aiutarti ti suggeriamo qualche esempio:

- «La pace non è il lavoro di un uomo solo, di un partito, di una nazione. Non c'è una pace delle nazioni grandi o piccole, la pace è il frutto della cooperazione di tutto il mondo». Barack Obama
- «Non si può separare la pace dalla libertà perché nessuno può essere in pace senza avere libertà». Malcolm X
- «La pace non può regnare tra gli uomini se prima non regna nel cuore di ciascuno di loro». S. Giovanni Paolo II

Step 4 - Clil Project - Write in English

Tutti i manifesti contengono sempre uno slogan e in molti casi sono scritti in inglese; ideate anche voi uno slogan in inglese da riportare sul vostro manifesto. Per facilitarvi nel compito ecco alcuni esempi:

- *World Peace*
- *I Love Peace*
- *Peace Forever*
- *No War*

Step 5 - Condividi il tuo lavoro con i compagni

Utilizza le funzionalità del M.I.O. BOOK per condividere con i tuoi compagni il risultato del tuo lavoro. Insieme mettete a confronto le vostre idee e le vostre opinioni. Scegliete lo slogan che vi sembra più significativo e riportatelo sul manifesto. Completate il manifesto con il disegno del planisfero sul quale indicherete i Paesi dove si combattono ancora guerre.

Step 6 - Presentate il vostro manifesto

Presentate il vostro manifesto. Diffondete e condividete con le altre classi la vostra proposta e organizzate tutti assieme un evento a scuola per promuovere la pace.

da S. Citterio e altri, *Ulisse*, Vol. 3, Gruppo Editoriale Raffaello, Monte San Vito

1 **Qual è lo scopo del manifesto che il laboratorio propone di creare?**

- A Promuovere l'educazione alla cittadinanza.
- B Promuovere l'educazione alla pace.
- C Promuovere l'educazione alle nuove tecnologie.
- D Promuovere l'educazione interculturale.

2 **A quale istituzione potrebbe essere spedito il manifesto da creare?**

- A Alla classe parallela alla tua.
- B Alla tua scuola.
- C Al Comune della città in cui vivi.
- D Al Ministero dell'Istruzione.

3 **Nell'espressione «deve contenere dati e informazioni attendibili» (riga 7), con quale parola può essere sostituita la parola «attendibili» senza cambiare il senso del messaggio?**

- A Verificati.
- B Credibili.
- C Ammissibili.
- D Verosimili.

4 **Dopo aver letto gli articoli utili alla creazione del manifesto, è bene prendere nota delle informazioni più importanti. Perché? Rintraccia nel testo la risposta e riscrivila.**

....

....

....

5 **Nello step 5 è previsto che nel manifesto sia disegnato il planisfero. A che scopo?**

A Abbellire il manifesto.

B Mostrare le zone di guerra nel mondo.

C Usare il manifesto anche per studiare la geografia.

D Arricchire la presentazione dell'attività svolta.

6 **Basandoti sul testo, indica quali delle seguenti affermazioni sono vere e quali false.**

	Vero	Falso
a. Il laboratorio prevede che una parte del manifesto sia in lingua inglese.	☐	☐
b. Il laboratorio promuove alcune competenze base di Cittadinanza.	☐	☐
c. Nel testo di presentazione delle attività del laboratorio non sono presenti esempi.	☐	☐
d. Negli appunti da prendere allo step 2 non devono essere inserite immagini o simboli di pace.	☐	☐
e. L'attività proposta dal laboratorio è organizzata in sei step.	☐	☐
f. I siti internet consigliati per raccogliere informazioni per l'attività promossa dal laboratorio sono: www.hrw.org e www.emergency.it.	☐	☐

7 **Il laboratorio prevede un momento di socializzazione finale dei manifesti prodotti. Che cosa si suggerisce di fare?**

A Organizzare un evento per promuovere una raccolta fondi.

B Organizzare un evento a scuola per mostrare a tutti i manifesti.

C Organizzare un evento a scuola per promuovere la pace.

D Organizzare un evento a scuola per promuovere la solidarietà.

8 **Come si possono condividere le informazioni di lavoro sul manifesto tra compagni?**

A Usando una piattaforma digitale.

B Scambiandosi foglietti e disegni.

C Telefonandosi.

D Solo vedendosi a scuola.

9 **Che cosa significa la parola «step» che ricorre nel testo?**

A Un gradino da superare.

B Un momento del lavoro da svolgere, anche non obbligatorio.

C Un momento obbligatorio del lavoro da svolgere.

D Un momento del lavoro da svolgere in ordine casuale.

10 **A quale personaggio è attribuita la seguente frase: «Non si può separare la pace dalla libertà perché nessuno può essere in pace senza avere libertà»?**

....

11 **Che cosa permette di fare il M.I.O. BOOK?**

- A Condividere il lavoro con i compagni.
- B Presentare il manifesto realizzato.
- C Creare manifesti come quello chiesto dal laboratorio.
- D Trovare slogan sulla pace.

12 **A quale progetto fa riferimento la necessità che lo slogan del manifesto sia scritto in inglese?**

....

13 **Qual è lo scopo del testo che hai letto?**

- A Dare istruzioni per condurre un'attività didattica.
- B Spiegare come costruire manifesti e poster a scuola.
- C Dare istruzioni per condurre ricerche in internet.
- D Spiegare a tutti, studenti e genitori, che la pace è importante.

14 **In quale step si possono cominciare ad elaborare delle proposte di lavoro?**

....

15 **Nell'espressione «la pace non può regnare tra gli uomini» (riga 27), quale figura retorica è presente?**

- A Metafora.
- B Similitudine.
- C Allitterazione.
- D Personificazione.

LESSICO

16 **Individua la parola mancante in ciascuna frase sapendo che è la stessa per tutte e tre, ma usata con significato diverso.**

a. Gli amici di Marta **************** i pettegolezzi su di lei.

b. I gas tossici **************** i soldati in trincea durante la Prima guerra mondiale.

c. I pompieri **************** l'incendio in pochi minuti.

Parola mancante: ....

17 **Nella frase seguente è presente un errore: la parola sottolineata somiglia a quella giusta ma non lo è. Scrivi tu quella corretta e appropriata al contesto della frase stessa.**

Cavour adottò una politica libera nello Stato sabaudo. ....

RIFLESSIONE SULLA LINGUA

18 **Nel periodo «Non vi permetterà di offenderli», la frase sottolineata è una proposizione:**

A subordinata oggettiva.

B subordinata soggettiva.

C subordinata consecutiva.

D subordinata finale.

19 **Un'espressione come «carta da lettere» è detta polirematica perché le parole che in essa compaiono assumono un significato unitario. Indica in quale delle seguenti frasi ne è presente una.**

A I fiori d'arancio sulle pergole erano bellissimi.

B Porta fiori e cioccolatini alla nonna per il suo compleanno.

C Ho i brividi a fior di pelle per quello che mi stai dicendo.

D Quale crema prendo per proteggere pelle e capelli dal sole?

20 **Completa le parole nel modo corretto.**

a. I risultati elettorali nelle provin.............................. del Centro sono già stati pubblicati.

b. Questo modo di fare non è profi..............................o per noi.

c. Chiediamo all'us..............................re dov'è l'ufficio A37.

COMPRENSIONE DELLA LETTURA 1

Oliver Twist ne chiede ancora

TESTO NARRATIVO

La stanza dove i ragazzi prendevano i pasti era grande e disadorna, con una caldaia a una delle estremità. Il direttore, piazzato lì davanti, all'ora dei pasti distribuiva la farinata, avvolto per l'occasione in un grembiulone e aiutato da due donne. Ogni ragazzo ne riceveva una scodella e niente altro, salvo che per le grandi ricorrenze, quando venivano distribuite due once e un quarto di pane.

Le scodelle non avevano bisogno di essere lavate; i ragazzi le pulivano con i cucchiai fino a che non erano perfettamente lucide, poi se ne stavano seduti fissando la caldaia con occhi famelici come se volessero divorare persino i mattoni del focolare e intanto si leccavano le dita con la ferma intenzione di spazzar via le minime tracce di farinata, che potevano esservi rimaste. I ragazzi di solito hanno un ottimo appetito. Per tre mesi Oliver e i suoi compagni soffrirono le torture di una fame sempre più insopportabile; alla fine erano così esasperati e inferociti che uno dei ragazzi, più alto e sviluppato degli altri e non abituato a quel regime così stretto perché suo padre un tempo aveva una piccola taverna, dichiarò cupamente ai compagni di sventura: «Se non raddoppiano il numero delle farinate, una notte o l'altra finirò per divorare il mio vicino di letto, che è piccolo e debole».

Ed era così arrabbiato, c'era tanta determinazione nella sua voce e nei suoi occhi che gli altri non stentarono a credergli. Venne tenuto consiglio e si tirò a sorte il nome di colui che quella sera stessa, dopo la distribuzione della farinata, sarebbe andato dal direttore a chiedere l'aumento delle razioni. Venne estratto Oliver Twist.

Giunse la sera. I ragazzi si misero a tavola, il direttore avvolto nel solito grembiulone prese posto accanto alla caldaia insieme alle due aiutanti. Venne servita la farinata, più allungata del solito, condita da una lunga preghiera di ringraziamento. I ragazzi confabulavano sottovoce e sbirciavano Oliver, i due più vicini lo presero a gomitate per sollecitarlo ad agire.

Sebbene fosse solo un bambino, Oliver, esasperato dalla fame, riuscì a trovare il coraggio sufficiente per alzarsi, con il cucchiaio e la scodella in mano, avvicinarsi al direttore e dirgli, un po' stupito della sua audacia: «Per favore, signore, ne vorrei ancora».

Il direttore era un uomo robusto, grasso e ben piantato, con un'aria decisa, tuttavia nel sentire quelle parole impallidì. Per qualche secondo fissò strabiliato il piccolo ribelle, poi si appoggiò alla caldaia per sostenersi. Le sue aiutanti erano come paralizzate dalla meraviglia; i ragazzi dallo stupore.

«Che hai detto?» riuscì finalmente a balbettare il direttore.

«Per favore, signore,» ripeté Oliver «ne vorrei ancora: di farinata».

Il direttore assestò un gran colpo di ramaiolo sulla testa di Oliver, poi lo afferrò ben stretto e strillando come un'aquila chiamò il sagrestano.

Il consiglio era solennemente riunito per la seduta serale quando il signor Bumble si precipitò nella stanza e rivolgendosi al signore che sedeva sulla poltrona a braccioli annunciò, in tono eccitatissimo:

«La prego di scusarmi, signor Limbkins! Oliver Twist ne ha chiesta ancora!».

Tutti quanti trasalirono, orripilati.
«Ancora!» esclamò il signor Limbkins. «Per favore si calmi, Bumble, e cerchi di essere più chiaro. Lei intende dire che il ragazzo, dopo aver mangiato la farinata concessa dal regolamento, ne ha chiesta ancora?».
«Proprio questo ha fatto, signore» rispose Bumble.
«Quel ragazzo finirà impiccato prima o poi» disse il signore dal panciotto bianco. «Ci giurerei che farà quella fine».
Nessuno contraddisse la profetica opinione. Subito dopo ebbe luogo un'animata discussione, al termine della quale Oliver venne condannato all'immediata segregazione e la mattina seguente venne appeso al cancello dell'ospizio un cartello nel quale si offriva una ricompensa di cinque sterline a chi avesse sbarazzato la parrocchia dalla presenza di Oliver Twist. In altre parole, Oliver e cinque sterline in contanti sarebbero state elargite a chi, uomo o donna, avesse avuto bisogno di un apprendista per qualsiasi mestiere.
Per una settimana, dopo la scandalosa richiesta di un aumento della razione di farinata, Oliver rimase prigioniero in una stanza buia e solitaria a riflettere sui suoi misfatti.

adatt. da C. Dickens, *Oliver Twist*, Fabbri

1 **La farinata è l'alimento che viene distribuito durante i pasti. Secondo te, quali possono essere gli ingredienti base?**

A Patate e farina.
B Acqua e farina.
C Burro e farina.
D Pomodoro e farina.

2 **Nella frase «come se volessero divorare persino i mattoni del focolare» (riga 8) è contenuta una figura retorica. Quale?**

A Metafora.
B Esagerazione.
C Ellissi.
D Anafora.

3 **Da quello che hai letto, dove vivono i ragazzi protagonisti della storia?**

A In un ospedale.
B In una caserma.
C In un orfanotrofio.
D In una prigione.

4 **Per definire lo stato d'animo dei ragazzi, messo a dura prova dalla fame, l'autore usa due aggettivi. Quali?**

....

5 **Per quale missione viene sorteggiato Oliver Twist?**

A Per lamentarsi con il direttore.
B Per chiedere al direttore di aggiungere altri ingredienti alla farinata.
C Per chiedere l'aumento delle razioni di carne.
D Per chiedere l'aumento delle razioni di farinata.

6 **Rileggi le righe 26-33 ed escludi per ciascun personaggio il termine che non ne descrive lo stato d'animo del momento.**

a. Oliver	felice	esasperato	stupito
b. Direttore	impallidito	strabiliato	sicuro di sé
c. Aiutanti del direttore	meravigliate	obbedienti	paralizzate
d. Ragazzi	incapaci di muoversi	confusionari	stupiti

7 **Perché Oliver Twist viene punito severamente per aver chiesto un'altra porzione di farinata?**

A Per l'arroganza.
B Per la disobbedienza.
C Per l'ingordigia.
D Per la maleducazione.

8 **Quale immediato provvedimento viene preso dal consiglio per punire Oliver Twist?**

A Viene appeso al cancello dell'ospizio.
B Viene venduto per cinque sterline.
C Viene rinchiuso in una stanza buia.
D Non viene preso nessun provvedimento.

COMPRENSIONE DELLA LETTURA 2

La liberazione

TESTO NARRATIVO

Wittenau, 27 aprile 1945

Il giorno della liberazione è venuto. Scrivo solo oggi dopo una settimana di incubo, tre giorni di rifugio e un giorno di riposo.

Ero al campo di Jungfernheide quando una notte sentimmo le prime cannonate; il fronte si avvicinava, dato che i russi premevano sulle truppe tedesche proprio in direzione di Jungfernheide. Immediatamente la vita al campo divenne piena di elettricità e di incubo. Due pensieri passavano per la mente di tutti: la gioia della prossima liberazione da questi tedeschi che negli ultimi giorni erano diventati feroci e la paura dei prossimi giorni che certamente sarebbero stati duri e pericolosi.

Ad un certo momento le prime granate cominciarono a piovere nel campo, rade e isolate dapprima, fitte e frequenti poi. In baracca non ci si poteva stare che a rischio della vita, poiché le schegge passavano il legno in ogni direzione. Due compagni che erano rimasti imprudentemente all'aperto ebbero uno le gambe staccate di netto e l'altro due schegge al torace. Pur tuttavia rimasi ancora molto tempo in baracca resistendo alle granate. Non che avessi una gran dose di coraggio, ma si era impossessata di me una curiosa tranquillità che rasentava l'incoscienza. In mezzo agli scoppi gli amici si meravigliavano di vedermi girare dalla camera al lavandino o al gabinetto. Mi sentivo invece stranamente sicuro.

La fame si faceva sentire perché provviste per il campo non ne arrivavano più; si cercavano patate. Un giorno si sparse la notizia che vicino alla linea del fuoco i tedeschi avevano aperto un deposito di patate. Mezzo campo se ne andò, o meglio fuggì, i sacchi e i tascapani sulle spalle. Anche io con il tascapane mi avviai. Bisognava attraversare tratti allo scoperto martellati dalle granate, ma all'andata tutto andò bene, non essendosi i russi accorti di nulla. Presi le patate, ma quale fu diverso il ritorno! I russi si accorsero del movimento di persone e cominciarono a tirare. Con il sacco pieno sulle spalle, mi misi a correre tra gli scoppi, celandomi tra i radi cespugli; stavo correndo quando vidi improvvisamente uno che mi correva innanzi cadere con la fronte spaccata in due in un lago di sangue. Era il primo compagno che vedevo morire così, mi fece così tanta impressione che, arrivato in baracca, non riuscivo più a parlare.

Da quel giorno ricevemmo l'ordine di sistemarci nei rifugi ed attendere che passasse la furia. Siamo stati tre giorni nel rifugio al buio, nutrendoci di patate lesse, quattro per pasto, tra milioni di pulci, in mezzo ad un letamaio di paglia, bucce di patate, carta, terra bagnata e perfino orina, poiché per una giornata intera non si poté uscire. Di fuori fioccavano pallottole di tutti i calibri. Per creare un ponte sul fiume vicino, i russi battevano tutta la zona con un fuoco infernale. Tre giorni durante i quali i miei nervi, il fisico tutto e buona parte del morale subirono un abbassamento dannoso. Dentro al rifugio non si capiva più nulla tra il fragore delle granate, il chiacchierare di tutti. Seduto sulla valigia mi sentivo diventare matto. Milioni di supposizioni si facevano sulla situazione all'esterno e quei pochi che avevano messo il naso fuori riportavano notizie sconclusionate e contraddittorie. Il fuoco cresceva ancor più di intensità ed il rifugio sembrava una nave in tempesta.

Fu precisamente alle ore 24,25 della notte tra il 25 e il 26 che il primo soldato russo, sorridente e curioso, si affacciò alla porta del rifugio. Da tutti i petti scoppiò un urlo di gioia e sembrava che tutti fossero impazziti. Uscii anche io insieme a molti. Il campo non si riconosceva più, la terra sembrava una schiumarola, le baracche erano mezze crollate ed in mezzo al campo c'erano tre carri armati russi che sputavano fuoco come vulcani. L'aria della notte mi solleticava piacevolmente le nari e l'odore della polvere mi eccitava. Strinsi la mano al russo che mi sorrise. Dopo mezz'ora arrivarono altri russi che ci fecero andare via, indietro, verso le colonne russe che avanzavano. Feci a piedi dieci chilometri, quella notte, rifacendo il percorso dell'avanzata russa su luoghi ancora fumanti del combattimento. Dappertutto mucchi di armi abbandonate, elmetti, *panzerfaust*[1], soldati tedeschi morti rovesciati in mille pose. Tutte impressioni che gli occhi ricevevano per la prima volta in vita mia e che facevano battere il cuore d'emozione.
Quando si fece giorno, mi apparve anche l'aspetto delle case completamente sfondate e svuotate. La popolazione aveva abbandonato in massa e precipitosamente le località e la truppa vincitrice era penetrata ovunque. Mi assalì la febbre della vendetta. Entrai in molte case a far bottino: trovai farina, scatole, pranzi pronti, piatti e recipienti pieni di ogni ben di Dio, vestiti. Mangiai, mi satollai, mi sporcai di zuppe e di farina, mi nauseai. Sbocconcellavo pane barcollando per lo stordimento e la stanchezza.
Avevo trovato un carrettino a mano che riempii di farina, scatole, bottiglie, ecc. e me lo trascinavo dietro, soffiando. Contento. Felice di questa nuova voluttà mai provata, avevo diritto a depredare (i russi mi guardavano approvando) perché anch'io, in quanto straniero, facevo parte dell'esercito vincitore e lo facevo con voluttà, con febbre frenetica. Così dovevano fare in tempi antichi le orde dei vincitori che si riversavano sui paesi vinti. Era già giorno fatto quando giunsi a questo campo internazionale di Wittenau dove mi trovo tuttora. Dovevo avere un aspetto fantastico: la barba lunga, il viso sporco e imbrattato di marmellata e di resti di zuppe, i capelli arruffati, con un paio di pantaloni grigi e una palandrana marrone trovati in un armadio. Le maniche erano sporche di farina e unte ed i pantaloni avevano i segni di tutti i luoghi dove mi ero inginocchiato a raccogliere. Ridevo, però, ed ero felice. Avevo incontrato molti russi che mi avevano regalato sigarette e caramelle, i tedeschi e la guerra erano molto lontani, tutto avevo lasciato alle spalle.

da T. Di Leo, *Berlino 1943/1945: diario di prigionia*, Quattroventi

9 **La «liberazione» di cui si parla alla riga 2 è:**

- **A** la liberazione dai russi.
- **B** la liberazione dai fascisti.
- **C** la liberazione dai tedeschi.
- **D** la liberazione dagli italiani.

[1] *panzerfaust:* lanciagranate individuale anticarro.

10 **Quali sono i due sentimenti che si alternavano nella mente e nei cuori dei prigionieri, nei primi momenti in attesa della liberazione? (tre parole)**

....

11 **Nella frase «Pur tuttavia rimasi ancora molto tempo in baracca», alla riga 14, con quale altra congiunzione puoi sostituire «Pur tuttavia»?**

A Però.
B Nonostante questo.
C Finché.
D Perciò.

12 **Alla riga 16, perché la tranquillità del protagonista viene definita «curiosa»?**

A Perché è un comportamento insolito nel protagonista.
B Perché in tanta agitazione il protagonista è diventato molto curioso.
C Perché tutti i suoi compagni si sono incuriositi nel vederlo così tranquillo.
D Perché è un atteggiamento inaspettato in una simile situazione.

13 **Alla riga 46, nell'espressione «c'erano tre carri armati russi che sputavano fuoco come vulcani», quali figure retoriche riconosci?**

....

14 **Qual è il nome della località in cui giunge il protagonista alla fine della sua fuga?**

....

15 **Il narratore è:**

A lo stesso protagonista.
B un prigioniero amico del protagonista.
C un soldato.
D un narratore esterno.

16 **Il testo che hai letto è:**

A una cronaca.
B una pagina di diario.
C una lettera.
D un racconto.

COMPRENSIONE DELLA LETTURA 3

La giustizia di Xorro

TESTO NARRATIVO

La mamma non è molto contenta di com'è andato il mio primo giorno di scuola.
«Marco, cosa ci facevi con il telefonino?!» mi urla.
«Ma non lo stavo usando» reclamo.
«Allora perché te l'hanno sequestrato?» incalza lei.
«Dragan dice che lo fanno sempre, altrimenti i genitori non si presentano mai a parlare con la preside!».
«E chi è Dragan?» insiste mamma.
«Il mio nuovo compagno di banco» dichiaro.
«Pazzesco!» esclama lei. «Comunque, visto che te l'hanno sequestrato, adesso per un po' resterai senza!» sentenzia.
«Ma non sono stato io» piagnucolo. «Ha cominciato lui».
«Non mi interessa! Hai fatto proprio una bella figura...» ribatte mentre infila i piatti nella lavastoviglie.
«Però non posso stare senza telefonino» controbatto.
«Perché?».
«Perché come faccio a parlare con papà?! Mi presti il tuo?».
La mamma tace. Ha un'espressione cupa. Stringe i denti.
«Dovrei dirglielo...» annuncia seria avviando il programma di lavaggio.
«No. Ti prego. Per favore...».
Lei mi scruta, poi inspira profondamente.
«D'accordo... Andrò a parlare con la preside e me lo farò restituire. Però tu da oggi in poi il telefonino lo lascerai sempre a casa. Siamo intesi? Ora fila a fare i compiti, e per stasera niente tivù».
Stamattina a scuola mi guardano tutti in modo strano. Mi osservano e poi parlottano tra loro. Due ragazze che non conosco mi fanno ciao con la mano.
Io rispondo timidamente al saluto, poi infilo le mani in tasca e avanzo verso l'ingresso a testa bassa.
Dragan mi viene incontro raggiante.
«Ma che hanno tutti da guardare?» chiedo. «Sono così strano?».
«Allora non sai niente?!» esclama lui.
«Cosa dovrei sapere?».
Dragan incalza: «Ieri Xorro ha pubblicato sul suo profilo di Facebook un video della tua scazzottata con Francesco».
«Zorro[1]?!».
«Ma quale Zorro! Xorro!» insiste lui.
«Chi?».
«Xorro, con la ics» precisa.
«Con la ics?» esclamo incredulo. «Che razza di nome è?».

[1] *Zorro*: celebre personaggio di fantasia, eroe mascherato e bravissimo spadaccino, le cui avventure si svolgono in California nel periodo del dominio spagnolo.

«Un nome in codice» sussurra il mio compagno di banco. «Una versione moderna di Zorro, ma più misteriosa...».
«E chi è?» domando ancora.
«Non lo sa nessuno! Te l'ho detto: è un'identità segreta. Ma deve essere uno della scuola».
«Come fai a dirlo?» azzardo io.
«Lo è per forza! Altrimenti come avrebbe fatto a riprenderti col telefonino?! Ha pubblicato anche una didascalia. "Condannato ingiustamente un innocente"» conclude serio.
«Scusa, e tu come hai fatto a saperlo?».
«Perché Ghigo, un emo[2] della F, ha condiviso il video sul suo profilo di Facebook. Comunque ieri sera il video l'avevano condiviso praticamente tutti gli alunni della scuola».
«Tutti?!» esclamo sorpreso.
«Beh... Non proprio tutti... Tutti quelli che non sopportano Francesco e che hanno il profilo su Facebook. Ora sei una star, goditelo!».
«Esagerato» rispondo ridendo.
«Ti dico di sì. Borghetz[3], se avessi Facebook lo avresti visto anche tu».
«Ma non ce l'ho!» rispondo lamentandomi.
«Senti...» azzarda lui. «Perché oggi non vieni a casa mia così te lo mostro?».
«Non posso... Sono in castigo...».
«Perché?».
«Per la storia del telefonino...» dico rammaricandomi. Non è giusto che mia mamma sia così severa quando prende una posizione «educativa», come dice lei, però taccio e il pensiero me lo tengo per me.
«Trova una scusa!» propone Dragan.
«No. Mia madre lo scoprirebbe e poi sarebbe peggio».
«Dici?».
«Fidati, conosco mia madre».

adatt. da D. Conati, *Amici virtu@li*, Gruppo Editoriale Raffaello, Monte San Vito

17 **Per quale motivo la mamma è arrabbiata con Marco?**

- **A** Perché era stato assente a scuola.
- **B** Perché aveva il telefonino a scuola.
- **C** Perché non ha fatto i compiti.
- **D** Perché è arrivato in ritardo a casa.

18 **Perché tutti guardano Marco all'ingresso a scuola?**

- **A** Lo hanno notato perché è nuovo della scuola.
- **B** Lo hanno notato perché è vestito in modo stravagante e non ha la divisa della scuola.
- **C** Lo hanno visto in un video su Facebook in cui si picchia con Francesco.
- **D** Lo hanno visto solo e triste perché non ha il telefonino.

[2] *emo*: ragazzo che si veste secondo la moda emo, uno stile punk-rock.
[3] *Borghetz*: soprannome di Marco, che deriva dal suo cognome, Borghesi.

19 **Chi è Xorro?**

A Una persona sconosciuta.
B Un compagno di Marco.
C Un emo della F.
D Il preside della scuola.

20 **Chi ha postato il video di Marco e Francesco?**

A Xorro.
B Dragan.
C Ghigo.
D Francesco.

21 **Marco è l'unico a non aver visto il filmato che lo ritrae; che cosa gli propone di fare allora Dragan?**

A Di iscriversi a Facebook.
B Di andare a vederlo a casa sua.
C Di andare a vederlo a casa di un amico.
D Di vederlo sul computer della scuola.

22 **Per quale motivo Marco, nonostante sia incitato dall'amico, non vuole mentire a sua madre?**

A Perché teme che la madre lo metta in castigo.
B Perché è convinto che la madre lo scoprirebbe.
C Perché non riesce a mentire a sua madre.
D Perché non si fida dei consigli dell'amico.

23 **All'interno del brano sono presenti diversi personaggi. Collega ogni personaggio al suo ruolo corrispondente.**

a. Marco	**1.** Aiutante
b. Xorro	**2.** Personaggio secondario
c. Francesco	**3.** Protagonista
d. Ghigo	**4.** Antagonista

24 **Che cosa è successo a Marco il primo giorno di scuola?**

A Ha conosciuto Francesco e Dragan, gli hanno sequestrato il telefonino, si è picchiato con Xorro.
B Ha conosciuto Dragan, gli hanno sequestrato il telefonino, si è picchiato con Francesco.
C Ha conosciuto Xorro, gli hanno sequestrato il telefonino, si è picchiato con Francesco.
D Ha conosciuto Dragan e Ghigo, si è iscritto a Facebook, si è picchiato con Francesco.

COMPRENSIONE DELLA LETTURA 4

La carta di identità elettronica

TESTO INFORMATIVO

Caratteristiche del documento

La carta di identità elettronica (CIE) è l'evoluzione della carta di identità in versione cartacea. Ha le dimensioni di un bancomat ed è costituita da:

- un supporto di materiale plastico in policarbonato, su cui sono stampati a laser la foto e i dati del cittadino, protetti con elementi e tecniche di anticontraffazione[1], come ologrammi[2] e inchiostri speciali;
- un microchip contactless[3].

Su ciascuna CIE è riportato un numero di serie stampato sul fronte in alto a destra e avente il seguente formato: 2 lettere – 5 numeri – 2 lettere (ad esempio CA00000AA). Tale numero è il Numero Unico Nazionale.

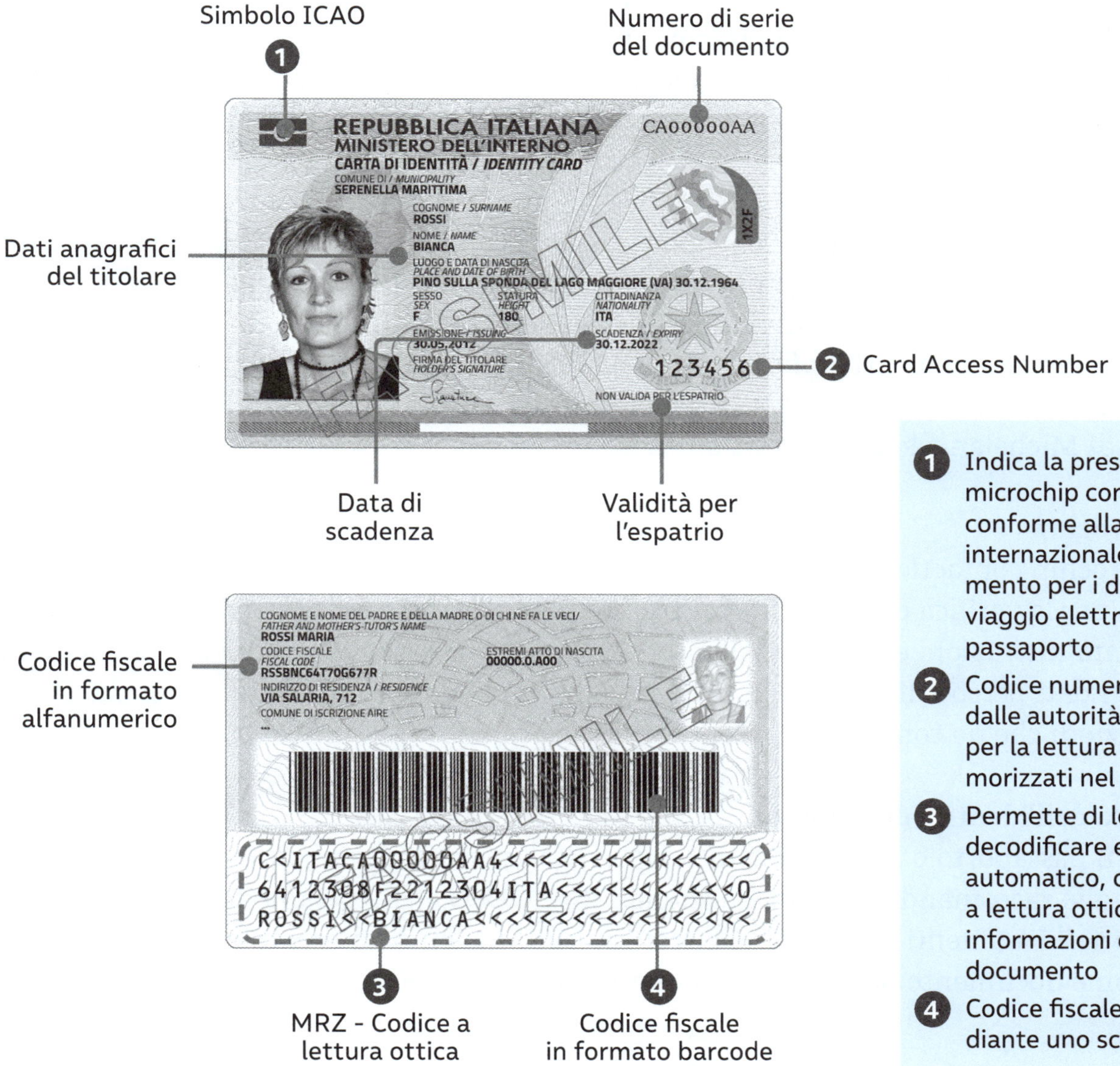

1. Indica la presenza di un microchip contactless conforme alla normativa internazionale di riferimento per i documenti di viaggio elettronici, come il passaporto
2. Codice numerico utilizzato dalle autorità di controllo per la lettura dei dati memorizzati nel microchip
3. Permette di leggere, decodificare e verificare in automatico, con strumenti a lettura ottica (OCR), le informazioni contenute nel documento
4. Codice fiscale leggibile mediante uno scanner ottico

[1] *anticontraffazione*: che ostacolano la falsificazione.
[2] *ologrammi*: immagini tridimensionali realizzate con una tecnica fotografica specifica.
[3] *contactless*: tecnologia che consente la trasmissione di dati senza contatto fisico.

Elementi di sicurezza

La CIE è un documento sicuro realizzato con un materiale, il policarbonato, che, mediante l'applicazione di specifici elementi di anticontraffazione (ad es. ologrammi, inchiostri speciali...) e l'utilizzo di particolari tecniche di stampa, assicura una efficace barriera contro i tentativi di contraffazione.

Tecnica di personalizzazione

I dati variabili presenti sul documento (dati anagrafici, fotografia, codice fiscale...) sono stampati in bianco e nero con la tecnica *laser engraving* che incide gli strati di policarbonato intermedi di cui il documento si compone, rendendo complessi eventuali tentativi di falsificazione.

La disposizione dei campi sul documento (nome, cognome, foto...) è conforme agli standard internazionali di riferimento per i documenti di identità e di viaggio al fine di favorire il controllo del documento sia in Italia che all'estero.

Immagine del volto

La riproduzione dell'immagine del volto del titolare sul documento è un elemento essenziale per un efficace riconoscimento. È stampata in bianco e nero con tecnica *laser engraving* sul fronte, protetta da un ologramma trasparente sovrapposto all'immagine, e sul retro con tecnica *ghost*.

Grafica del documento

Le immagini e i motivi grafici vengono riprodotti con un effetto a rilievo, mediante un intreccio di linee sottili, con deformazioni e variazione di spessore (*guilloche*) atti a rendere evidenti eventuali tentativi di falsificazione e contraffazione.

La CIE presenta elementi grafici caratteristici dello Stato italiano, quali l'emblema della Repubblica Italiana sul fronte e la geometria della Piazza del Campidoglio in Roma, opera di Michelangelo Buonarroti, sul retro.

Il microchip

Il microchip contactless integrato nel documento rende la CIE uno strumento unico e sicuro per la verifica dell'identità del titolare e per l'accesso ai servizi online di pubbliche amministrazioni e imprese. All'interno del microchip sono memorizzati in maniera sicura i dati personali e biometrici del titolare (foto e impronte digitali), nonché le informazioni che ne consentono l'identificazione online.

Verifica dell'identità del titolare

Come il passaporto e il permesso di soggiorno, il microchip contenuto nella CIE è conforme alle raccomandazioni internazionali ICAO 9303 che regolamentano le caratteristiche dei documenti di viaggio elettronici. Ciò consente, ad esempio, di utilizzare la CIE come documento di viaggio riconosciuto dai Paesi dell'area Schengen[4].

---

[4]*area Schengen*: comprende molti Paesi europei entro i quali è possibile viaggiare senza controlli alle frontiere.

Accesso ai servizi online

La CIE estende il tradizionale concetto di identità, fornendo ai cittadini una chiave digitale unica e sicura per l'accesso ai servizi online di pubbliche amministrazioni e imprese, anche in mobilità.

La richiesta al Comune

La carta di identità elettronica può essere richiesta presso il proprio Comune di residenza o presso il Comune di dimora per i cittadini residenti in Italia e presso il Consolato di riferimento per i cittadini residenti all'estero. Per questi ultimi le modalità di rilascio sono indicate sul sito del Ministero degli Affari Esteri e della Cooperazione Internazionale.

La durata del documento varia secondo le fasce d'età di appartenenza. Nel dettaglio:

- 3 anni per i minori di età inferiore a 3 anni;
- 5 anni per i minori di età compresa tra i 3 e i 18 anni;
- 10 anni per i maggiorenni.

Il cittadino dovrà recarsi in Comune munito di fototessera, in formato cartaceo o elettronico, su un supporto USB. La fototessera dovrà essere dello stesso tipo di quelle utilizzate per il passaporto. È consigliabile, all'atto della richiesta, munirsi di codice fiscale o tessera sanitaria al fine di velocizzare le attività di registrazione. Prima di avviare la pratica di rilascio della carta di identità elettronica bisognerà versare, presso le casse del Comune, la somma di € 16,79 oltre i diritti fissi e di segreteria, ove previsti, quale corrispettivo per il rilascio della CIE. Bisognerà inoltre conservare il numero della ricevuta di pagamento.

Il cittadino riceverà la CIE all'indirizzo indicato entro 6 giorni lavorativi dalla richiesta. Una persona delegata potrà provvedere al ritiro del documento, purché le sue generalità siano state fornite all'operatore comunale al momento della richiesta.

adatt. da www.cartaidentita.interno.gov.it

25 **In quale materiale è realizzata la CIE?**

A Poliuretano.

B Policarbonato.

C Plastica.

D Silicio.

26 **Quale tecnica non è impiegata nella realizzazione della CIE?**

A *Laser flashing.*

B *Laser engraving.*

C *Guilloche.*

D *Ghost.*

27 **Dove si richiede la CIE?**

A Presso il Comune di residenza o la Provincia se si è cittadini stranieri.

B In qualunque ufficio della Pubblica Amministrazione presente dove si abita, anche se si è cittadini stranieri.

C Presso il proprio Comune di residenza, di dimora o, se si è cittadini stranieri, presso il Consolato di riferimento.

D Presso gli uffici della Pubblica Amministrazione a Roma o, se si è cittadini stranieri, presso la Capitale dello Stato di cui si è originari.

28 **Qual è lo scopo di questo testo?**

A Informare il cittadino delle possibilità offerte dal microchip della CIE.

B Aiutare il cittadino a riconoscere le truffe a mezzo bancomat.

C Informare il cittadino sulle caratteristiche della CIE.

D Mettere in guardia il cittadino sulle possibili truffe a carico della CIE.

29 **Qual è la durata della CIE per un bambino di 3 anni?**

A 3 anni.

B 5 anni.

C 10 anni.

D Non si può fare la CIE per un bambino così piccolo.

30 **Che cosa serve per chiedere il rilascio della CIE?**

A Una fototessera, il codice fiscale (o la tessera sanitaria), la ricevuta del versamento della somma dovuta al Comune quale corrispettivo per il rilascio della CIE e, ove previsto, il versamento dei diritti fissi e di segreteria.

B Una fototessera, il passaporto, la ricevuta del versamento della somma dovuta al Comune quale corrispettivo per il rilascio della CIE e, ove previsto, il versamento dei diritti fissi e di segreteria.

C Una fototessera, il codice fiscale, la ricevuta attestante l'avvenuto versamento al Comune dei diritti di segreteria per la produzione della CIE.

D Il codice fiscale (o tessera sanitaria) e la ricevuta del versamento della somma di € 16,79 dovuta al Comune quale corrispettivo per il rilascio della CIE.

31 **Che cosa non è consentito con la CIE?**

A Viaggiare nei Paesi dell'area Schengen.

B Avere accesso ai servizi online della Pubblica Amministrazione.

C Essere indentificati online dalla Pubblica Amministrazione e/o dalle imprese.

D Guidare l'auto avendo compiuto 18 anni.

32 **A che cosa serve il simbolo ICAO?**

A Indica la presenza, nella CIE, di un dispositivo anticontraffazione dell'identità personale conforme alle raccomandazioni internazionali relative ai documenti di viaggio.

B Indica la presenza, nella CIE, di un microchip conforme alle raccomandazioni internazionali relative ai documenti di viaggio.

C Indica la presenza, nella CIE, di un microchip contenente i dati anagrafici e biometrici necessari per i viaggi fuori dell'Europa.

D Indica l'assenza, nella CIE, di un microchip conforme alle raccomandazioni internazionali relative ai documenti di viaggio.

LESSICO

33 **Individua la parola mancante in ciascuna frase sapendo che è la stessa per tutte e tre, ma usata con significato diverso.**

a. Nel 31 a.C., Ottaviano schierò tutto l'*********** bellico a sua disposizione contro Marco Antonio.

b. L'*********** critico su Petrarca è vastissimo perché molti storici della letteratura si sono occupati della sua opera.

c. I vermi platelminti non hanno l'********** respiratorio.

Parola mancante: ....

34 **Forma una collocazione lessicale, ovvero ricostruisci una «frase fatta», scegliendo la parola che completa quella proposta.**

Dirimere…

A …una rissa. B …una matassa. C …una controversia. D …una notizia.

35 **Osserva la tabella e indica secondo quale registro sono usate le parole sottolineate.**

	Registro basso	Registro standard	Registro elevato
a. L'oratore riuscì a <u>concentrare</u> l'attenzione su di sé per tutto il tempo della conferenza.	☐	☐	☐
b. Francesco è stato davvero bravo ad <u>attirare</u> tutti gli sguardi su di lui.	☐	☐	☐
c. Sei proprio <u>una calamita</u> per i guai!	☐	☐	☐

RIFLESSIONE SULLA LINGUA

36 **Nella frase «Il Po è <u>più lungo</u> dell'Adige», di che grado è l'aggettivo sottolineato?**

- A Positivo.
- B Comparativo di maggioranza.
- C Superlativo.
- D Comparativo di minoranza.

37 **Completa le parole nel modo corretto.**

- **a.** Luigi ha fatto davvero un buon a............................isto ieri.
- **b.** Se o............................no di noi facesse del bene, il mondo sarebbe migliore.
- **c.** Il meccanico tiene il motore in piena effi............................nza.

38 **In quale delle seguenti frasi non è presente il predicato nominale?**

- A Arianna è stata sgridata dalla zia.
- B Il mare oggi è calmo come una tavola.
- C In quella discussione fu difficile non essere d'accordo con lei.
- D Questa moto è la tua!

39 **Leggi questa frase: «Il <u>cattivissimo</u> bandito <u>estrasse</u> un <u>coltellaccio</u> dalla tasca e – tra lo stupore generale – tagliò il pane». Se non conoscessi il significato delle parole sottolineate, quali voci dovresti cercare nel dizionario?**

- **a.** Cattivissimo: ....
- **b.** Estrasse: ....
- **c.** Coltellaccio: ....

40 **Nel periodo «Matteo, <u>eletto capoclasse</u>, è davvero un bravo studente», la frase sottolineata è una proposizione:**

- A incidentale.
- B coordinata copulativa.
- C subordinata relativa implicita.
- D subordinata temporale implicita.

RIPASSO GRAMMATICALE E DELLE TIPOLOGIE TESTUALI

Nome

Il nome è una parte variabile del discorso che indica persone, oggetti, animali, sentimenti... insomma ogni elemento della realtà, concreto o astratto. Il nome si classifica in base a:

Significato

- **comune**: indica persone, oggetti, animali in modo generico (cane, gatto, tavolo, uovo)
- **proprio**: indica particolari e determinate persone, oggetti, animali (Alessandro, Francesco, Roma, Parigi)
- **concreto**: indica tutto ciò che può essere percepito con i nostri sensi (profumo, tuono, mare, zucchero)
- **astratto**: indica sentimenti, pensieri, idee, emozioni e tutto ciò che non può essere percepito dai nostri sensi (paura, gioia, coraggio, intuito)
- **individuale**: indica una sola persona, un solo oggetto, un solo animale (sedia, libro, scatola, giornale)
- **collettivo**: nome che, pur al singolare, indica un insieme di persone, oggetti o animali (sciame, gregge, scolaresca, squadra)

Forma

- **maschile**: (lo zaino, il lupo, lo gnomo, il cuoco)
- **femminile**: (la borsa, la maestra, la lingua, la finestra)
- **di genere comune**: nomi con un'unica forma per il maschile e il femminile, il cui genere è definito grazie alla presenza dell'articolo (il cantante/la cantante; il giornalista/la giornalista)
- **di genere promiscuo**: nomi di animali con un'unica forma per il maschile e per il femminile, il cui genere è definito grazie all'aggiunta dell'aggettivo *maschio/femmina* (il falco maschio/il falco femmina; la tigre maschio/la tigre femmina)
- **singolare**: (uccello, casa, serpente, mummia)
- **plurale**: (uccelli, case, serpenti, mummie)
- **invariabile**: nomi con un'unica forma per il singolare e per il plurale, il cui numero è definito solo dalla presenza dell'articolo (la virtù/le virtù; il brindisi/i brindisi; il gorilla/i gorilla; lo sport/gli sport)
- **difettivo**: nomi che hanno solo il singolare o solo il plurale, mancano quindi di uno dei due numeri (la superbia, il Natale, dicembre, le forbici, le manette)
- **sovrabbondante**: nomi che hanno due forme per il plurale, spesso con significati diversi (il braccio-i bracci/le braccia; il ciglio-i cigli/le ciglia), o due forme per il singolare (lo sparviero/lo sparviere), o due forme per il singolare e due per il plurale (l'orecchio/l'orecchia-gli orecchi/le orecchie)

Struttura

- **primitivi**: nomi formati da radice e desinenza (can-e, campan-a, erb-a, fior-e)
- **derivati**: nomi che derivano da un nome primitivo, il cui significato viene modificato grazie all'aggiunta di un prefisso e/o di un suffisso (cane/can-ile; campana/campan-ile; erba/dis-erban-te; fiore/fior-aio)
- **alterati**: nomi che derivano da un nome primitivo il cui significato è parzialmente modificato grazie all'aggiunta di un suffisso; si distinguono a loro volta in:
  - diminutivi (gattino, nonnino, asinello, rametto)
  - vezzeggiativi (cavalluccio, passerotto, orsacchiotto, cuoricino)
  - accrescitivi (bambinone, donnone, gattone, omaccione)
  - dispregiativi o peggiorativi (ragazzaccio, ladruncolo, gentaglia, omuncolo)
- **composti**: nomi formati dall'unione di due parole:
  - nome + nome (pesce-cane, arco-baleno)
  - nome + aggettivo (pelle-rossa, bianco-spino)
  - aggettivo + aggettivo (piano-forte, chiaro-scuro)
  - verbo + nome (porta-vaso, porta-cenere, mangia-nastri)
  - verbo + verbo (dormi-veglia)
  - verbo + avverbio (butta-fuori)
  - preposizione o avverbio + nome (dopo-scuola)
  - avverbio + aggettivo (sempre-verde)
  - avverbio + verbo (bene-stare)
  - nome + preposizione (fico-di-India)
  - nomi composti da più elementi (non-ti-scordar-di-me)

Articolo

L'articolo è una parte variabile del discorso che precede il nome e che con esso concorda il genere e il numero.
L'articolo si distingue in:

Determinativo

- **il - i**: si usano davanti a nomi di genere maschile che iniziano per consonante (il cane, il tappeto, i cani, i tappeti)
- **lo - gli**: si usano davanti a nomi di genere maschile che iniziano per:
  - vocale, con apostrofo (l'uomo, l'albero, gli uomini, gli alberi)
  - *s* + consonante (lo studio, lo spavento, gli studi, gli spaventi)
  - *gn* (lo gnomo, lo gnocco, gli gnomi, gli gnocchi)
  - *ps* e *pn* (lo psicologo, lo pneumatico, gli psicologi, gli pneumatici)
  - *x*, *y*, *z* (lo xilofono, lo yogurt, lo zaino, gli xilofoni, gli yogurt, gli zaini)
- **la - l' - le**: si usano davanti a nomi di genere femminile che iniziano per vocale, con apostrofo (l'ape), o per consonante (la tartaruga, le api, le tartarughe)

Indeterminativo

- **un**: si usa davanti a nomi di genere maschile che iniziano per vocale, senza apostrofo (un uovo), o per consonante (un cane, un tappeto)
- **uno**: si usa davanti a nomi di genere maschile che iniziano per:
  - *s* + consonante (uno studio, uno spavento)
  - *gn* (uno gnomo, uno gnocco)
  - *ps* e *pn* (uno psicologo, uno pneumatico)
  - *x*, *y*, *z* (uno xilofono, uno yogurt, uno zaino)
- **una - un'**: si usano davanti a nomi di genere femminile che iniziano per vocale, con apostrofo (un'ape), o per consonante (una tartaruga)

Partitivo

L'articolo partitivo è usato per indicare una parte imprecisata, indeterminata, di un tutto:
- **dei - degli - delle**: nella forma plurale serve per formare il plurale dell'articolo indeterminativo (un panino/dei panini; una rosa/delle rose)
- **del - dello - della**: forme singolari che possono essere sostituite con l'espressione *un po' di* (del pane/un po' di pane; dello zucchero/un po' di zucchero; della farina/un po' di farina)
- **dei - degli - delle**: forme plurali che possono essere sostituite con l'espressione *alcuni/e* (dei panini/alcuni panini; degli asparagi/alcuni asparagi; delle uova/alcune uova)

Attenzione: l'articolo partitivo, per la forma, potrebbe essere confuso con la preposizione articolata. Per questo motivo è necessario fare attenzione e ricordare che solo l'articolo partitivo può essere sostituito con *un po' di* o *alcuni/e*.

Aggettivo

L'aggettivo è una parte variabile del discorso che, accostato a un nome, lo arricchisce, lo determina e ne esprime qualità e caratteristiche.
L'aggettivo si distingue in:

Qualificativo

In base alla **struttura** può essere:
- **primitivo**: non deriva da nessuna parola; è formato da radice e desinenza (facile, bello, rosso, grande)
- **derivato**: deriva da un'altra parola, alla cui radice viene aggiunto un prefisso o un suffisso (facile/dif-ficile; sapido/in-sipido; rosa/ros-ato; Napoli/napol-etano)
- **alterato**: aggettivo il cui significato è parzialmente modificato attraverso l'aggiunta di suffissi che gli attribuiscono sfumature particolari; si distingue in:
  - diminutivi (grassettino, bellino, magrolino)
  - vezzeggiativi (calduccio, graziosetto, poverello)
  - accrescitivi (simpaticone, chiacchierone, pigrone)
  - dispregiativi (giallognolo, rossastro, poveraccio)
- **composto**: aggettivo formato da due aggettivi qualificativi (sordo-muto, ner-azzurro, indo-cinese, multi-etnico)

In base al **grado** può essere:
- **positivo**: esprime una qualità del nome senza fare confronti (giovane, graziosa, curioso)
- **comparativo**: esprime una qualità messa a confronto fra due elementi; si distingue in:
  - di maggioranza (Alessandro è più alto di Francesco)
  - di minoranza (Francesco è meno alto di Alessandro)
  - di uguaglianza (Filippo è alto come Franco; Filippo è alto quanto Franco)
- **superlativo**: esprime una qualità posseduta al massimo grado dal nome cui l'aggettivo si riferisce; si distingue in:
  - superlativo assoluto: (fredd-issimo, stra-felice, super-leggero, molto alto, pieno zeppo)
  - superlativo relativo: la qualità è espressa al grado più alto o più basso, ma in relazione a un gruppo di persone od oggetti (il più bello della scuola, la più simpatica del gruppo)

Determinativo

- **possessivo**: determina il possesso (mio, tuo, vostro, loro)
- **dimostrativo**: determina una posizione nel tempo e nello spazio (questo, quello, codesto)
- **identificativo**: determina l'identità fra persone o cose (stesso, medesimo, tale)
- **numerale**: determina con precisione una quantità o l'ordine in un elenco/graduatoria (uno, tre, cento; primo, quindicesimo, centosedicesimo)
- **indefinito**: determina una quantità in modo impreciso (molti, parecchi, alcuni)
- **interrogativo**: si trova nelle interrogative dirette e indirette (quale, quanto, che)
- **esclamativo**: si trova nelle frasi esclamative (Che grande!, Quanta fretta!)

Genere

- **maschile**: (buon-o, alt-o, simpatic-o)
- **femminile**: (buon-a, alt-a, simpatic-a)

Numero

- **singolare**: (grande, felice, facile)
- **plurale**: (grandi, felici, facili)
- **invariabile**: ha un'unica forma per i due generi e i due numeri:
  - l'aggettivo *pari*
  - gli aggettivi stranieri, terminanti in consonante o con vocale accentata (snob, demodè)
  - gli aggettivi indicanti colori (rosso, viola, rosa)
  - gli aggettivi con prefisso *anti* + nome (anti-ruggine, anti-nebbia)

Pronome

Il pronome è una parte variabile del discorso che si usa per sostituire un nome, ma anche un aggettivo, un verbo, un altro pronome o un'intera frase, evitandone la fastidiosa ripetizione.
Il pronome si distingue per:

Numero

- **singolare**: (lei, lui, questo, quello, costui, tuo)
- **plurale**: (loro, essi, questi, quelli, costoro, tuoi)
- **invariabile**: (ciò, che, cui, chiunque, nessuno, qualcuno)

Genere

- **maschile**: (lui, questo, codesto, suo)
- **femminile**: (lei, questa, codesta, sua)
- **invariabile**: (ciò, che, cui)

Specie

- **personale**: sostituisce il nome della persona che compie l'azione, o a cui ci si rivolge, o di cui si parla; si distingue in:
  - soggetto: indica chi compie l'azione: *io*, *tu*, *egli*, *ella*, *esso*, *essa*, *noi*, *voi*, *essi*, *esse* (io vado al mare, essi studiano)
  - complemento: indica su chi ricade l'azione espressa dal verbo; si divide in forme forti o toniche, *me*, *te*, *lui*, *lei*, *sé*, *noi*, *voi*, *loro* (viene anche lui), e forme deboli o atone, dette anche particelle pronominali, *mi*, *ti*, *si*, *ci*, *vi*, *lo*, *la*, *gli*, *le*, *ne*, *li* (ti chiamo domani)
- **dimostrativo**: indica la collocazione nel tempo e nello spazio del nome che sostituisce: *questo*, *quello*, *codesto*, *stesso*, *medesimo*, *costui*, *colui*, *ciò*, *lo*, *la*, *li*, *le*, *ne*, *ci*, *vi* (l'ombrello rosso è mio, quello blu è tuo)
- **possessivo**: indica a chi appartiene la persona, l'animale o la cosa espressi dal nome che sostituisce: *mio*, *tuo*, *suo*, *nostro*, *vostro*, *loro*, *proprio*, *altrui* (mio nonno va in bici, il tuo a piedi)
- **indefinito**: indica in modo generico e impreciso l'identità o la quantità dei nomi cui si riferisce: *qualcuno*, *qualcosa*, *ciascuno*, *alcunché*, *nessuno*, *alcuno*, *nulla*, *niente*, *ognuno*, *chiunque*, *molti*, *tanti* (molti credono ai fantasmi)
- **interrogativo ed esclamativo**: viene usato in frasi interrogative, dirette e indirette, e in frasi esclamative: *Chi? Che? Quale? Quanto? Chi! Che! Quale! Quanto!* (Che hai detto? Non sai chi sono!)
- **numerale**: indica la quantità numerica del nome che sostituisce: *uno*, *due*, *tre*, *primo*, *secondo*, *terzo* (Quanti giochi! Me ne regali uno?)
- **relativo**: ha la funzione di sostituire un nome per evitarne la ripetizione, in più collega due frasi; si distingue in:
  - invariabile: *che*, con valore di soggetto (prendi il libro che è sul tavolo) o di complemento oggetto (la torta che hai fatto è squisita); *cui*, con valore di complemento indiretto, preceduto da preposizione (l'uomo, a cui ti rivolgi, è mio padre)
  - variabile: *il quale*, *la quale*, *i quali*, *le quali* (l'auto, con la quale sei venuto qui, è nuova fiammante)
- **relativo misto o doppio**: riunisce in sé la funzione di un pronome relativo e di uno dimostrativo o indefinito: *chi*, *chiunque*, *quanto*, *quanti*, *quante* (Fa' quanto ti ho detto)

Verbo

Il verbo è una parte variabile del discorso che esprime l'azione compiuta o subita dal soggetto, oppure l'esistenza, uno stato o un modo del soggetto medesimo. Il verbo si distingue secondo:

Significato

- **transitivo**: esprime un'azione che passa dal soggetto all'oggetto; regge il complemento oggetto (Luisa guarda il mare)
- **intransitivo**: esprime un'azione che si esaurisce nel soggetto che la compie; non passa sul complemento oggetto (Marco corre a casa; Francesco esce da scuola)

Forma

- **attiva**: il soggetto compie l'azione oppure il verbo esprime uno stato o un modo del soggetto (Alessandro riposa)
- **passiva**: il soggetto subisce l'azione (lo studente è interrogato dall'insegnante; le piante sono annaffiate dal giardiniere)
- **riflessiva**: si distingue in:
  - propria: il soggetto compie l'azione su se stesso e il verbo è preceduto dalle particelle pronominali *mi*, *ti*, *si*, *ci*, *vi*, *si* che svolgono la funzione logica di complemento oggetto (Marco si lava = Marco lava se stesso)
  - apparente: le particelle pronominali non svolgono la funzione di complemento oggetto ma di complemento di termine (Filippo si asciuga le mani = Filippo asciuga le mani a chi? A se stesso)
  - reciproca: l'azione espressa dal verbo è compiuta scambievolmente, reciprocamente fra i due o più soggetti (Marco e Tania si abbracciano = Marco abbraccia Tania e Tania abbraccia Marco)
  - pronominale: le particelle non svolgono alcuna funzione logica, né di complemento oggetto né di termine, ma sono parte integrante del verbo, che è sempre intransitivo: *vergognarsi*, *arrendersi*, *incamminarsi*, *imbattersi*, *ribellarsi*, *pentirsi*, *congratularsi* (Simone si vergogna del suo comportamento)
- **impersonale**: si usa solo alla 3ª persona singolare (qualche volta anche alla 3ª plurale) ed esprime un'azione che non viene svolta da un soggetto ma si completa da sé; si tratta di:
  - verbi che indicano fenomeni atmosferici (piovere, nevicare, grandinare, diluviare, tuonare, albeggiare, imbrunire)
  - verbi come *accadere*, *avvenire*, *succedere*, *bisognare*
  - alcune locuzioni composte con il verbo essere (è utile, è opportuno, è bene, è probabile, è una fortuna)
  - verbi preceduti dalla particella *si*, uso impersonale (si parte alle otto; si viaggia in prima classe)

Funzione

- **ausiliare**: *essere* e *avere* sono i verbi ausiliari che, unendosi al participio passato di altri verbi, ne formano i tempi composti (Luisa è andata al mare; Gianni ha visto uno scoiattolo)
- **servile**: *dovere*, *potere*, *volere* e *sapere* vengono detti verbi servili quando sono seguiti da un infinito di un altro verbo (dobbiamo partire; vuole vincere sempre)
- **fraseologica**: i verbi fraseologici si uniscono attraverso preposizioni semplici ai modi indefiniti (gerundio, participio, infinito) di altri verbi per precisare alcuni aspetti dell'azione ed esprimono:
  - che l'azione sta per iniziare (sta per piovere)
  - che l'azione inizia (comincio a leggere)
  - che l'azione termina (smetto di mangiare)
  - che l'azione si tenta (mi sforzo di restare sveglio)
  - che l'azione si svolge (sto guardando la TV)
  - che l'azione continua (continuava ad insistere)
  - un'azione causata dal soggetto: *fare* (mi ha fatto scrivere a lungo), *lasciare* (la mamma mi ha lasciato giocare)

Coniugazione

- **1ª *-are*** (guardare, creare, sbagliare); **2ª *-ere*** (leggere, vedere, smettere); **3ª *-ire*** (sentire, patire, venire)
- **regolare**: tutti i verbi che appartengono alla stessa coniugazione mantenendo inalterata sia la radice che la desinenza in tutti i modi e i tempi verbali
- **irregolare**: alcuni verbi che nella coniugazione subiscono variazioni nella radice (io vad-o, tu va-i), nella desinenza (d-are, d-essi) o in entrambe (rid-ere, io ris-i)
- **difettivi**: verbi che non hanno la coniugazione completa, ossia mancano di alcuni modi o temi verbali (addirsi, fervere, indulgere, solere, vigere)
- **sovrabbondanti**: verbi che appartengono a due diverse coniugazioni pur avendo stessa radice e stesso significato (adempiere/adempire; compiere/compire; intorbidare/intorbidire)

Avverbio

L'avverbio è una parte invariabile del discorso che, aggiunto di solito a un verbo, ma anche ad altre parti del discorso, ne modifica o ne precisa il significato.
L'avverbio si distingue in base a:

Significato

- **qualificativo o di modo**: arricchisce il significato del termine a cui si riferisce o indica, se riferito a un verbo, il modo in cui si svolge l'azione (corre velocemente)
- **determinativo**: si distingue a sua volta in:
  - di luogo: indica il luogo in cui si svolge l'azione o in cui ci si trova (qui, là, laggiù, sotto, dovunque)
  - di tempo: indica il tempo in cui si svolge un'azione (oggi, ora, presto, tardi, finora, spesso)
  - di quantità: indica una quantità imprecisata (abbastanza, troppo, poco, molto, piuttosto)
  - di valutazione: afferma, nega o mette in dubbio il verificarsi dell'azione espressa dal verbo (no, niente, sicuramente, forse, eventualmente)
  - interrogativo ed esclamativo: introducono una domanda o un'esclamazione (Quanto! Quanto? Dove! Dove?)

Forma

- **primitivo**: che non deriva da altre parole (qui, là, oggi, prima, forse)
- **composto**: costituito da due o più elementi (in-fine, per-lo-più, sopra-tutto)
- **derivato**: che deriva da un'altra parola, modificata dal suffisso *-mente* (veloce-mente, dolce-mente, cortese-mente), o dal suffisso *-oni* (balzell-oni, saltell-oni, bocc-oni)
- **aggettivi indefiniti e qualificativi con funzione avverbiale**: (molto, poco, assai)
- **locuzioni avverbiali**: espressioni costituite da più termini con valore avverbiale (in fretta e furia, a poco a poco, senza dubbio)

Grado

- **comparativo**: si distingue in:
  - di maggioranza (più velocemente di)
  - di minoranza (meno velocemente di)
  - di uguaglianza (tanto velocemente quanto)
- **superlativo assoluto**: si forma con l'aggiunta del suffisso *-issimamente*, oppure premettendo all'avverbio *molto* o *assai* (cortesissimamente, molto/assai cortesemente)
- **superlativo relativo**: si forma premettendo all'avverbio l'espressione *il più*, *il meno* (il più gentilmente, il meno avidamente)

Congiunzione

La congiunzione è una parte invariabile del discorso che serve a collegare elementi di una frase o ad unire più frasi all'interno di un periodo.
La congiunzione si distingue secondo:

Forma

- **semplice**: congiunzione costituita da una sola parola (e, né, ma, se, anche...)
- **composta**: congiunzione costituita da più parole unite insieme (oppure = o + pure, neanche = né + anche, sebbene = se + bene, poiché = poi + che...)
- **locuzione congiuntiva**: congiunzione formata da più parole scritte separatamente (per la qual cosa, dal momento che, anche se, a patto che...)

Funzione

- **coordinativa o coordinante**: congiunzione che unisce due elementi della frase con lo stesso valore (due nomi, due verbi, due aggettivi...) o due proposizioni indipendenti fra loro. Si divide in:

Tipo	Funzione	Esempio
Copulative	Accostano parole o frasi (e, anche, pure, inoltre, né, neppure, neanche...)	Laura *e* Luisa sono sorelle.
Avversative	Contrappongono due parole o frasi (ma, però, anzi, eppure, nondimeno, peraltro, bensì, tuttavia...)	Luigi è molto vivace *ma* non maleducato.
Disgiuntive	Collegano due termini che si escludono a vicenda (o, oppure, ossia, ovvero, altrimenti)	Preferisci l'estate *o* la primavera?
Conclusive	Esprimono la conclusione o la conseguenza di quanto detto precedentemente (perciò, quindi, ebbene, allora, pertanto, sicché...)	Sono stanca, *perciò* vado a letto.
Dichiarative o esplicative	Spiegano quanto detto precedentemente (cioè, infatti, ossia, effettivamente...)	Le zebre sono erbivore, *ossia* si nutrono principalmente di cibo di origine vegetale.
Correlative	Mettono in correlazione parole o frasi (e..e, né...né, sia...sia, tanto...quanto, non solo...ma anche...)	*Non solo* sei testardo, *ma anche* irascibile.

- **subordinativa o subordinante**: congiunzione che unisce una proposizione principale (reggente) con una o più proposizioni subordinate o dipendenti. Si divide in:

Tipo	Congiunzione	Esempio
Dichiarative	che, come	Ti prometto *che* mi comporterò bene.
Temporali	prima che, quando, dopo che, mentre, finché, appena, ogni volta che...	*Appena* sono uscita è scoppiato il temporale.
Finali	affinché, perché, allo scopo di, al fine di...	Allenati *affinché* la gara vada bene.
Consecutive	così...che, a tal punto...che, in modo tale...che, cosicché...	Parlava *così* in fretta *che* non abbiamo capito quasi nulla.
Condizionali	qualora, se, purché, dato che, a condizione che...	*Se* vai al mare, prendi la crema solare.
Modali	come, quasi, come se, in modo che, secondo che...	Sei veloce *come* una gazzella.
Concessive	benché, nonostante, sebbene, anche se, per quanto...	*Sebbene* ti sforzi, non riesci proprio a stare zitto.
Causali	poiché, perché, siccome, dal momento che, dato che...	Invidio Simone *perché* è intelligente e sicuro di sé.
Avversative	mentre, quando...	Corre continuamente, *mentre* dovrebbe riposarsi un po'.
Comparative	così...come, tanto...quanto, tanto...come, più...che...	Clara è *tanto* bella quanto simpatica.
Interrogative e dubitative	quando, quanto, perché, se...	Mi chiedo *quando* arriverà.
Esclusive	senza, senza che	Entra *senza* fare discussioni.
Limitative	a meno che, per quanto, secondo che, per quello che...	*Per quanto* ti giustifichi, il tuo gesto è inqualificabile.
Eccettuative	fuorché, salvo che, eccetto che, tranne che, se non che....	Uscirò più tardi, *salvo che* non piova.

Frase

La frase è un insieme di parole ordinate, ha senso compiuto, è contenuta fra due pause forti (punto, punto esclamativo o interrogativo) ed è formata da almeno due elementi: soggetto e predicato.
La frase può essere:

Minima

La frase minima è formata solamente da due elementi:
- **soggetto**: la persona, l'animale o la cosa che compie o subisce l'azione, o comunque di cui si parla. Una frase può avere anche due o più soggetti, uniti da una congiunzione (Anna e Marco corrono), oppure avere il soggetto sottinteso, ossia non espresso (Abbiamo dormito. *Noi* = soggetto sottinteso)
- **predicato**: ossia il verbo che indica ciò che si dice del soggetto (Calò la nebbia. Il malvivente fu arrestato. Sergio è intelligente)

Semplice

La frase semplice è formata da più elementi:
- **soggetto**: valgono le stesse indicazioni della frase minima
- **predicato**: si divide in:
  - predicato verbale: costituito da un verbo di senso compiuto che esprime un'azione fatta o subita dal soggetto, oppure uno stato o una condizione del soggetto (Laura *legge* un libro. Il treno *si ferma* alla stazione)
  - predicato nominale: specifica una qualità, una caratteristica, oppure una condizione del soggetto; è costituito dal verbo *essere*, detto copula, e un nome o un aggettivo, detti parte nominale (L'alunno è *studioso*. Il gatto è *affettuoso*)
- **attributo**: è un aggettivo che si accompagna a un nome attribuendogli una qualità, una caratteristica; è concordato con il nome in genere (maschile/femminile) e in numero (singolare/plurale) (Il *tuo* vicino è simpatico. Giulia ha rovinato *questa* camicetta)
- **apposizione**: è un nome che si unisce a un altro nome per meglio specificarlo. L'apposizione può essere:
  - semplice, quando è costituita da un solo nome (Il *dottor* Rossi è uno stimato cardiologo)
  - composta, quando è costituita da un'espressione più ampia (Franco, *il cugino di Sofia*, arriverà domani)
  - introdotta dalla preposizione *da* o da espressioni quali *in qualità di*, *in funzione di*, *come* (Il sindaco, *da giovane*, era uno studente modello. Tua madre, *come cuoca*, è davvero eccezionale)

- **complementi o espansioni:** sono gli elementi che, aggiunti alla frase minima, ne arricchiscono e completano il contenuto. Ne esistono molti tipi:

Complemento	Domanda chiave	Preposizioni e locuzioni	Esempio
oggetto	Chi? Che cosa?	non è introdotto da alcuna preposizione	Silvia sfoglia *una rivista*.
di specificazione	Di chi? Di che cosa?	di (semplice e articolata)	Il libro *di Marco* è rovinato.
di denominazione	Di quale nome?	di (semplice e articolata)	La città *di Roma* è la capitale d'Italia.
partitivo	Tra chi? Tra che cosa?	di (semplice e articolata), tra, fra	Uno *tra voi* dovrà accompagnarmi.
di paragone	Più/meno di chi, di che cosa? Come chi/che cosa? Quanto chi/che cosa?	di, a (semplici e articolate), che, come, quanto	Pietro è più alto *di Fabio*.
di termine	A chi? A che cosa?	a (semplice e articolata)	Porgi i miei saluti *alla zia*.
d'agente o di causa efficiente	Da chi? Da che cosa?	da (semplice e articolata)	Il cane è stato graffiato *dal gatto*.
di mezzo o strumento	Per mezzo di chi/di che cosa?	di, a, da, per, con, attraverso, per mezzo...	Siamo andati al mare *con l'autobus*.
di modo o maniera	Come? In che modo? In che maniera?	di, a, in, con, per, secondo, al modo di...	Vi prego di intervenire *con ordine*.
di stato in luogo	Dove? In che luogo?	in, a, da, tra, su, presso, sopra, sotto, vicino a...	*In spiaggia* ci sono molti ombrelloni.
di moto a luogo	Verso dove? Verso quale luogo?	a, in, per, su, da, verso, oltre	Partiremo domani *per Venezia*.
di moto da luogo	Da dove? Da quale luogo?	da, di (semplici e articolate), da qui, da lassù, da là...	Il torrente esce tumultuoso *dalla sorgente*.
di moto per luogo	Per dove? Per quale luogo?	per, da, tra, in, attraverso, in mezzo...	Se passi *per via Giulia*, vieni a trovarmi.
di origine o provenienza	Da chi? Da dove? Da che cosa?	da, di (semplici e articolate)	Il fiume Tevere nasce *dal Monte Fumaiolo*.
di allontanamento o separazione	Da chi? Da che cosa? Da dove?	da (semplice e articolata)	L'arbitro allontanò il calciatore *dal campo*.
di tempo determinato	Quando? In quale momento?	a, di, con, su, in, per, entro, durante, circa, dopo di...	Carla esce di casa *alle 8* del mattino.
di tempo continuato	Quanto? Per quanto tempo?	da, per, in, oltre, durante, a lungo...	Laura ha pianto *per due ore*.
di causa	Perché? Per quale motivo?	per, di, a, da, con, a causa di, a motivo di...	*A causa di una brutta influenza* non potrò partecipare alla gare.
di fine o scopo	Perché? Per quale scopo?	di, a, da, in, per, al fine di, allo scopo di...	Ci siamo impegnati duramente *per l'esame*.
di compagnia e di unione	Con chi? Con che cosa?	con, insieme con, in compagnia di...	Siamo usciti *con tutta la famiglia*.
di argomento	Di quale argomento? Di chi? Di che cosa?	di, su (semplici e articolate), circa, sopra, a proposito di...	La lezione di geografia è stata *sulla Germania*.
di materia	Di quale materiale? Di che cosa è fatto?	di, in	Mi hanno donato una borsa *di cuoio*.
di qualità	Con quali qualità? Con quali caratteristiche?	di, a, da (semplici e articolate), con	Silvia ha messo per la festa un bell'abito *a righine*.
di età	A che età? Di quanti anni?	di, su, a, intorno a, all'età di...	*All'età di sei anni* ho perso il primo dentino.
di colpa	Di quale colpa? Per quale colpa?	di, da (semplici e articolate), per	Il soldato fu accusato *di tradimento*.
di pena	A quale pena? Con quale pena?	a, di (semplici e articolate), con...	Fu condannato *all'esilio*.
di limitazione	Limitatamente a che cosa? Relativamente a che cosa?	di, in, a, in quanto a, in fatto di, rispetto a	Sauro è bravo *in informatica*.
di vantaggio e di svantaggio	A vantaggio di chi/di che cosa? A danno di chi/di che cosa?	per, in favore di, in difesa di, contro, a danno di...	La scolaresca si batté *in difesa del compagno* ingiustamente punito.
di abbondanza e di privazione	Di che cosa abbonda? Di che cosa è privo?	di (semplice e articolata), senza	Ho la borsa piena *di dolciumi*.

Periodo

Il periodo, o frase complessa, è costituito da una o più proposizioni che abbiano senso compiuto ed è contenuto fra due pause forti (punto, punto esclamativo o interrogativo).
Nel periodo ci sono tante proposizioni quanti sono i predicati.
Il periodo può essere:

Semplice

Costituito da una sola proposizione.

Composto

Costituito da due o più proposizioni indipendenti e fra loro coordinate. La prima delle proposizioni è la **principale**, ossia una frase di senso compiuto, che può essere:

Tipo	Definizione	Modo verbale	Esempio
Enunciativa o dichiarativa	Informa, esprime un giudizio o un'opinione.	Indicativo	Non desidero partire con te.
Interrogativa	Esprime una domanda diretta.	Indicativo, condizionale, infinito	Che cosa pensi del mio nuovo amico?
Esclamativa	Esprime un'emozione ed è caratterizzata dal punto esclamativo.	Indicativo, condizionale, infinito, imperativo, congiuntivo	Che bello riabbracciarti!
Volitiva	Esprime un ordine, una concessione, un'esortazione, una proibizione.	Imperativo, congiuntivo, infinito presente	Smetti di urlare!
Dubitativa	Esprime dubbio o incertezza in forma interrogativa.	Infinito o verbi servili (dovere, potere, volere) all'indicativo o al condizionale seguito dall'infinito	A chi posso rivolgermi?
Desiderativa	Esprime un desiderio, un augurio, un rimpianto.	Congiuntivo, infinito	Oh, se fossi arrivata prima!
Potenziale	Esprime la possibilità che si verifichi un fatto.	Condizionale, indicativo futuro	Potrei anche restare fuori questa sera.

Le altre proposizioni del periodo composto sono invece le proposizioni **coordinate**, unite alla principale da una congiunzione coordinante o da un segno di interpunzione debole (virgola, due punti, punto e virgola). Le proposizioni coordinate possono essere:

Tipo	Introdotte da congiunzioni	Esempio
Copulative	Copulative (e, anche, inoltre...)	Sono inciampata e *sono caduta a terra.*
Disgiuntive	Disgiuntive (o, oppure, ovvero...)	Vuoi venire *o resti a casa?*
Avversative	Avversative (anzi, ma, però, tuttavia...)	Non mi piace questo libro *ma lo leggerò fino in fondo.*
Dichiarative/ esplicative	Dichiarative (cioè, infatti, ossia...)	Mi muovevo tentoni, *infatti era buio pesto.*
Conclusive	Conclusive (quindi, dunque, perciò...)	Era stanca *quindi è andata a riposare.*
Correlative	Correlative (sia...sia, e...e, o...o, né...né...)	Deciditi: *o vediamo la TV o giochiamo con la Play!*

Complesso

Costituito da due o più proposizioni, di cui una principale o reggente e le altre subordinate, ed eventuali coordinate. Le subordinate possono variare per:

- **forma**: si distinguono in:
  - esplicite: quando la proposizione ha il verbo di modo finito (indicativo, congiuntivo, condizionale, imperativo)
  - implicite: quando la proposizione ha il verbo al modo indefinito (participio, gerundio, infinito)
- **grado**: 1°, 2°, 3°... grado a seconda della posizione logica rispetto alla reggente
- **tipologia**: si distinguono in:
  - sostantive o completive, se svolgono la funzione di soggetto o complemento oggetto del predicato della reggente; le subordinate sostantive si distinguono a loro volta in: soggettive, oggettive, dichiarative o esplicative, interrogative indirette e dubitative
  - relative, se introdotte da un pronome o un avverbio relativo; le subordinate relative si distinguono a loro volta in: proprie, se svolgono una funzione analoga a quella che l'attributo o l'apposizione svolgono nelle frasi semplici, e improprie, se assumono una sfumatura causale, finale, consecutiva...
  - complementari indirette, se hanno nel periodo la stessa funzione che nella proposizione semplice viene svolta dai complementi:

Tipo	Domanda chiave	Introdotte da congiunzioni	Esempio
Temporale	Quando? Per quanto tempo?	Temporali (prima che, dopo di...)	*Prima di parlare,* rifletti.
Finale	A quale scopo? A quale fine?	Finali (affinché, perché...)	Impegnati, *affinché possa ottenere un buon risultato.*
Causale	Perché? Per quale motivo?	Causali (poiché, perché...)	Il cane lo ha morso *poiché era stato infastidito.*
Modale	Come? In che modo?	Modali (come, quasi, come se...)	Aldo si comporta *come se fosse timido.*
Strumentale	Come? Con che cosa?	Non è introdotta da congiunzioni ma dalla preposizione *con* o da locuzioni prepositive quali *a furia di, a forza di...*	*Con l'esercitarti assiduamente,* finalmente sei molto migliorato.
Consecutiva	Con quale conseguenza?	Consecutive (così...che, tanto...che, cosicché...)	Pianse *tanto che si addormentò.*
Concessiva	Nonostante che cosa?	Concessive (benché, nonostante, sebbene...)	Sei arrivata tardi, *sebbene tu abbia corso.*
Comparativa	Come? Quanto?	Comparative (così...come, tanto... come, tanto...quanto...)	La giornata è stata più divertente *di quello che avevamo previsto.*
Limitativa	Limitatamente a che cosa?	Limitative (a meno che, per quanto, per quello che...)	*Per quanto ne so,* Parigi è una città meravigliosa.
Eccettuativa	Eccetto che cosa?	Eccettuative (fuorché, a meno che, eccetto che...)	Sarò da te alle 20:00, *a meno che mio fratello non faccia i capricci.*
Avversativa	Invece di che cosa?	Avversative (mentre, quando, laddove...)	Il gatto sonnecchiava, *mentre avrebbe dovuto rincorrere quel topastro.*
Condizionale*	A quale condizione?	Condizionali (qualora, se, purché...)	*Se fossi meno pigro,* andrei in palestra più spesso.

* Ricorda che la proposizione condizionale forma insieme alla proposizione reggente il **periodo ipotetico** (della realtà, della possibilità, dell'irrealtà) e che nel periodo ipotetico la proposizione condizionale e la reggente vengono rispettivamente chiamate *protasi* e *apodosi*.

Testo narrativo

Il testo narrativo narra, ossia racconta, un fatto, una storia, una vicenda reale o fantastica che si svolge in un tempo e in un luogo determinati, attraverso l'azione di uno o più personaggi, costituita da eventi fra loro strettamente connessi.

Generi

- **favole e fiabe**
- **racconti** (di fantasia, di fantasmi, horror, d'avventura, umoristici, surreali, gialli, di fantascienza)
- **romanzi**
- **novelle**
- **articoli di cronaca**
- **relazioni di viaggio**
- **biografie e autobiografie**
- **diari**
- **lettere**

Scopo

Narrare storie reali o inventate

Caratteristiche

Il testo narrativo si caratterizza per:
- **trama**: ossia l'intreccio e lo svolgimento dei fatti narrati che si sviluppa secondo:
  - la situazione iniziale
  - la situazione intermedia o svolgimento
  - la situazione finale o conclusione
- **personaggi**: che si dividono in:
  - principali
  - secondari
  - protagonista, di cui vengono definite con precisione le caratteristiche fisiche e morali, nonché il comportamento
- **tempo**: le vicende hanno una precisa durata nel tempo e si svolgono in un'epoca determinata
- **narrazione**: la narrazione può avvenire:
  - in prima persona (narratore interno)
  - in terza persona (narratore esterno)

La narrazione può contenere:
- discorso diretto
- discorso indiretto

Esempio di favola

Un agnello si dissetava alla corrente di un ruscello purissimo.
Sopraggiunse un lupo in caccia: era digiuno e la fame lo aveva attirato in quei luoghi.
«Chi ti dà tanto coraggio da intorbidare l'acqua che bevo?» disse questi furioso.
«Sire...» rispose l'agnello «io sto dissetandomi nella corrente sotto di lei, perciò non posso intorbidare la sua acqua!»
«La sporchi» insisté la bestia crudele. «E poi so che l'anno scorso hai detto male di me.»
«Io?! Ma se non ero nato» rispose l'agnello.
«Se non sei stato tu, è stato tuo fratello.»
«Non ho fratelli.»
«Allora qualcuno dei tuoi; perché voi, i vostri pastori e i vostri cani ce l'avete con me. Me l'hanno detto: devo vendicarmi.» Detto questo il lupo trascinò l'agnello nel fitto della foresta e se lo mangiò.

(La Fontaine, *Favole*)

Testo descrittivo

Il testo descrittivo vuole rappresentare nel modo più preciso e completo possibile non solo oggetti, animali, persone o luoghi, ma anche sensazioni, stati d'animo, sentimenti ed emozioni in genere.

Generi

- **oggettivo o denotativo**: se la descrizione è effettuata attraverso una serie di dati condivisibili da tutti, cioè è una descrizione impersonale
- **soggettivo o connotativo**: se l'autore esprime le proprie sensazioni, opinioni, impressioni dandone una personale interpretazione, si tratta cioè di una descrizione personale

Scopo

- **informativo**: illustrare in modo esauriente ed oggettivo un oggetto, un animale, un luogo (testi scientifici, geografici, storici...)
- **persuasivo**: descrivere per convincere (testi o manifesti pubblicitari)
- **espressivo**: descrivere per coinvolgere ed emozionare il lettore

Caratteristiche

Nella **descrizione oggettiva** (scopo informativo) è necessario:

- osservare attentamente ciò che si vuole descrivere, cogliendo tutte le informazioni non solo visive ma percepibili con tutti i sensi (vista, olfatto, tatto, gusto, udito)
- descrivere in modo impersonale, tecnico, chiaro, completo, senza commenti né valutazioni personali
- usare un linguaggio tecnico, preciso e chiaro, con frasi piuttosto brevi
- organizzare la descrizione secondo un ordine determinato (dall'alto verso il basso, da destra a sinistra, dall'esterno verso l'interno e così via)

Nella **descrizione soggettiva** (scopo espressivo e persuasivo) è necessario:

- osservare attentamente ciò che si vuole descrivere, cogliendo tutte le informazioni non solo visive ma percepibili con tutti i sensi (vista, olfatto, tatto, gusto, udito)
- descrivere in modo personale, soggettivo, attraverso il filtro della propria esperienza, sensibilità, personalità
- usare un linguaggio personale, una ricca aggettivazione, frequenti paragoni o similitudini anche inusuali

Esempio di descrizione oggettiva

È una ragazza di quindici anni. È alta e piuttosto magra. Ha la carnagione olivastra e gli occhi azzurri.
Indossa una camicia di cotone bianco e un paio di jeans chiari.
Ha con sé un cagnolino piccolo e nero.

Esempio di descrizione soggettiva

È una ragazza giovane, radiosa, bella come il sole. Ha un viso luminoso e sorridente. I suoi capelli sono lunghi e lisci come la seta. I suoi occhi, azzurro cielo, risplendono come due grandi gemme nel volto dalla carnagione olivastra e manifestano una grande bontà d'animo e simpatia.
Veste in modo semplice, sportivo, casual: sopra comodi e pratici jeans, una fresca e leggera camicia di cotone bianco, ideale per le calde giornate di questo periodo.
Passeggia tenendo al guinzaglio un vivace cagnolino nero come la pece.

Testo argomentativo

Il testo argomentativo sostiene una tesi o un'opinione, relativamente a un determinato problema, attraverso la presentazione di vari argomenti o elementi di prova.

Generi

- **recensioni di film, di libri**
- **commenti**
- **editoriali**
- **discorsi politici**
- **arringhe di avvocati**
- **saggi storici, scientifici**

Scopo

Convincere, persuadere il lettore della validità della tesi sostenuta

Caratteristiche

- **testo complesso**
- **uso di un linguaggio specifico**, specialistico rispetto all'argomento di cui si sta discutendo
- **uso dei verbi al tempo presente**
- **uso frequente di frasi complesse**, con varie tipologie e gradi di subordinazione
- **uso dei connettivi**, che collegano e legano le varie parti del testo e le diverse parti dell'argomentazione
- **struttura di base** costituita dalle seguenti parti (non sempre sono presenti tutte e sette le parti e non sempre nell'ordine descritto):
  - problema
  - tesi
  - argomenti a sostegno della tesi
  - antitesi o tesi contraria
  - argomenti a sostegno dell'antitesi
  - confutazione degli argomenti a sostegno dell'antitesi
  - conclusione

Esempio di testo argomentativo

Lo smaltimento dei rifiuti

Nonostante siano ormai anni che il problema dello smaltimento dei rifiuti viene costantemente preso in considerazione dalle pubbliche amministrazioni, la situazione rimane sconfortante.

Il cittadino privato assiste al continuo lievitare della tassa sui rifiuti ma non vede la realizzazione di impianti funzionanti che evitino le ricorrenti situazioni di difficoltà. Siano rifiuti urbani o industriali, dunque, si ha chiaramente la percezione che il nostro sistema, nel complesso, non abbia ancora saputo darsi delle regole per proteggere l'ambiente.

Su tale questione particolarmente complessa l'Italia sta rifacendo la propria normativa, nata solo negli anni '80, ma oggi inesorabilmente vecchia. In questo quadro in evoluzione è intervenuta la Regione Piemonte con una sua propria e ampia regolamentazione.

Nel merito riportiamo la valutazione delle imprese più direttamente interessate, quelle che operano nel delicato settore dello smaltimento dei rifiuti.

Vi emerge la profonda preoccupazione che interventi troppo dirigistici possano non solo scoraggiare investimenti seri in impianti a tecnologia avanzata, ma anche strangolare le imprese che lavorano da tempo sul territorio a favore dell'ambiente.

(da «La Stampa»)

Testo espositivo

Il testo espositivo offre dati, informazioni, spiegazioni relativamente a un argomento, un fatto, un fenomeno, una teoria.

Generi

- **manuali scolastici**
- **testi scientifici**
- **enciclopedie**
- **saggi**
- **relazioni**
- **riassunti**
- **articoli di giornale**

Scopo

Informare con chiarezza, attraverso una spiegazione esauriente, in modo tale da aumentare o approfondire le conoscenze di chi legge, spiegare e chiarire un argomento

Caratteristiche

- **disposizione delle informazioni secondo un ordine logico e non casuale**
- **uso di un linguaggio chiaro**, di un lessico tecnico, specialistico e di frasi brevi e poco articolate per permettere una comprensione immediata e rapida
- **spiegazione ed esposizione oggettiva**, priva dell'intervento dell'autore o di qualsivoglia interpretazione o valutazione personale
- **uso di elementi grafici** che consentano una rapida individuazione dell'argomento principale, delle parole chiave, delle informazioni fondamentali, ad esempio:
  - titoli e sottotitoli
  - paragrafi
  - particolari caratteri di stampa (grassetto, sottolineato, corsivo)

Esempio di testo espositivo

Il **tempo meteorologico** indica le condizioni atmosferiche presenti in una località durante un breve periodo, ad esempio nell'arco di una giornata. Il tempo cambia da un giorno all'altro, da una stagione all'altra: infatti cambiano la temperatura dell'aria, la quantità delle precipitazioni, la velocità e la direzione dei venti. Il **clima**, invece, indica le condizioni atmosferiche che si succedono in una località durante un periodo più lungo (almeno 20 o 30 anni). Il clima è il risultato della combinazione di diversi **elementi** ed è condizionato da vari **fattori**.

Testo regolativo

Il testo regolativo è un particolare tipo di testo informativo che indica le regole cui ci si deve attenere per svolgere correttamente una determinata attività, o consigli utili su come comportarsi in determinate situazioni.

Generi

- **ricette**
- **etichette di prodotti**
- **manuali e istruzioni d'uso**
- **istruzioni per i giochi**
- **guide pratiche**
- **leggi**

Scopo

Offrire informazioni precise, dettagliate, pratiche

Caratteristiche

- **testo schematico**, oggettivo, privo di valutazioni, giudizi o impressioni personali
- **uso di frasi semplici e brevi**, per lo più costituite da verbo e complemento, con soggetto sottinteso
- **uso di immagini**, **foto e disegni** per illustrare il procedimento

Esempio di testo regolativo (istruzioni di gioco)

Indovina chi

- **Cosa serve**: immagini ritagliate da giornali di film, cartoni animati, mestieri conosciuti dai bambini, una scatola.
- **In quanti si gioca**: almeno sei giocatori.
- **Come si gioca**: l'animatore della festa sceglie un bambino il quale pesca a caso dalla scatola un'immagine. Senza usare le parole il bambino mima il film o il cartone. Gli altri devono indovinare di cosa si tratta; il più veloce sarà il mimo successivo.

Redazione: Stefania Bigatti, Emanuele Palazzi
Revisione testi: Eleonora Dottori
Coordinamento digitale: Paolo Giuliani
Ufficio multimediale: Enrico Campodonico, Paolo Giuliani, Claudio Marchegiani, Luca Pirani
Progetto grafico, impaginazione e copertina: Simona Albonetti

Stampa: Gruppo Editoriale Raffaello

Il Gruppo Editoriale Raffaello mette a disposizione i propri libri di testo in formato digitale per gli studenti ipovedenti, non vedenti o con disturbi specifici di apprendimento.

L'attenzione e la cura necessarie per la realizzazione di un libro spesso non sono sufficienti a evitare completamente la presenza di sviste o di piccole imprecisioni. Invitiamo pertanto il lettore a segnalare le eventuali inesattezze riscontrate. Ci saranno utili per le future ristampe.

Raffaello Libri S.p.A.
Via dell'Industria, 21
60037 - Monte San Vito (AN)
www.grupporaffaello.it
info@grupporaffaello.it

Ristampa:

6 5 4 3 2 1 0

2027 2026 2025 2024 2023 2022 2021

kiwa certified
SISTEMA DI GESTIONE CERTIFICATO
UNI EN ISO 9001:2015